体育运动

形意拳 螳螂拳
XINGYIQUAN　TANGLANGQUAN

主编 邓国君 徐洪瑞 王丽

走进**大自然**
走到**阳光**下
养成**体育锻炼**
好习惯

吉林出版集团股份有限公司 全国百佳图书出版单位

图书在版编目(CIP)数据

形意拳 螳螂拳 / 邓国君等主编.—长春：吉林出版集团股份有限公司, 2011.6（2024.1 重印）
ISBN 978-7-5463-5730-0

Ⅰ.①形… Ⅱ.①邓… Ⅲ.①形意拳—基本知识②螳螂拳—基本知识 Ⅳ.①G852.14②G852.18

中国版本图书馆 CIP 数据核字（2011）第 130802 号

形意拳 螳螂拳

主编	邓国君　徐洪瑞　王丽
责任编辑	祖航
出版发行	吉林出版集团股份有限公司
印刷	三河市同力彩印有限公司
版次	2011 年 6 月第 1 版　2024 年 1 月第 8 次印刷
开本	787mm×1092mm　1/16　印张 10　字数 100 千
地址	吉林省长春市福祉大路 5788 号　邮编 130000
电话	0431-81629968
电子邮箱	11915286@qq.com
书号	ISBN 978-7-5463-5730-0
定价	45.80 元

版权所有　翻印必究
如有印装质量问题，请寄本社退换

《体育运动》编委会

主　　任　宛祝平

编　　委　支二林　方志军　王宇峰　王晓磊　冯晓杰
　　　　　　田云平　兴树森　刘云发　刘延军　孙建华
　　　　　　曲跃年　吴海宽　张　强　张少伟　张铁民
　　　　　　李　刚　李伟亮　李志坚　杨雨龙　杨柏林
　　　　　　苏晓明　邹　宁　陈　刚　岳　言　郑风家
　　　　　　宫本庄　赵权忠　赵利明　赵锦锦　潘永兴

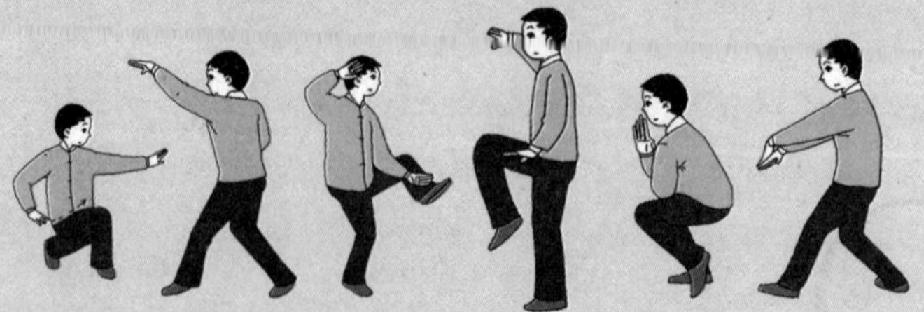

目录

形意拳

第一章 运动保护
　　第一节 生理卫生……………………2
　　第二节 运动前准备…………………3
　　第三节 运动后放松…………………9
　　第四节 恢复养护……………………11

第二章 形意拳概述
　　第一节 起源与发展…………………14
　　第二节 特点与价值…………………15

第三章 形意拳场地和装备
　　第一节 场地…………………………20
　　第二节 装备…………………………21

第四章 形意拳基本技术
　　第一节 基本桩功……………………24
　　第二节 形意十二形功拳……………26
　　第三节 鹰熊合演……………………65

第五章 形意拳基础战术
　　第一节 对身高臂长者的战术………74
　　第二节 对短小精悍、善近打者的战术…75
　　第三节 对善用重拳者的战术………77

1

目录 CONTENTS

第六章 形意拳比赛规则
第一节 程序.....................80
第二节 裁判.....................81

螳螂拳

第七章 螳螂拳概述
第一节 起源与发展................86
第二节 特点与价值................87

第八章 螳螂拳场地和装备
第一节 场地.....................92
第二节 装备.....................93

第九章 螳螂拳基本技术
第一节 基本动作..................96
第二节 基础练习.................107
第三节 套路练习.................116
第四节 练习要点.................135

第十章 螳螂拳基础战术
第一节 技术战术.................140
第二节 边角战术.................140
第三节 心理战术·................140

第四节 应敌战术..........................141
第十一章 螳螂拳比赛规则
　　第一节 程序..............................146
　　第二节 裁判..............................147

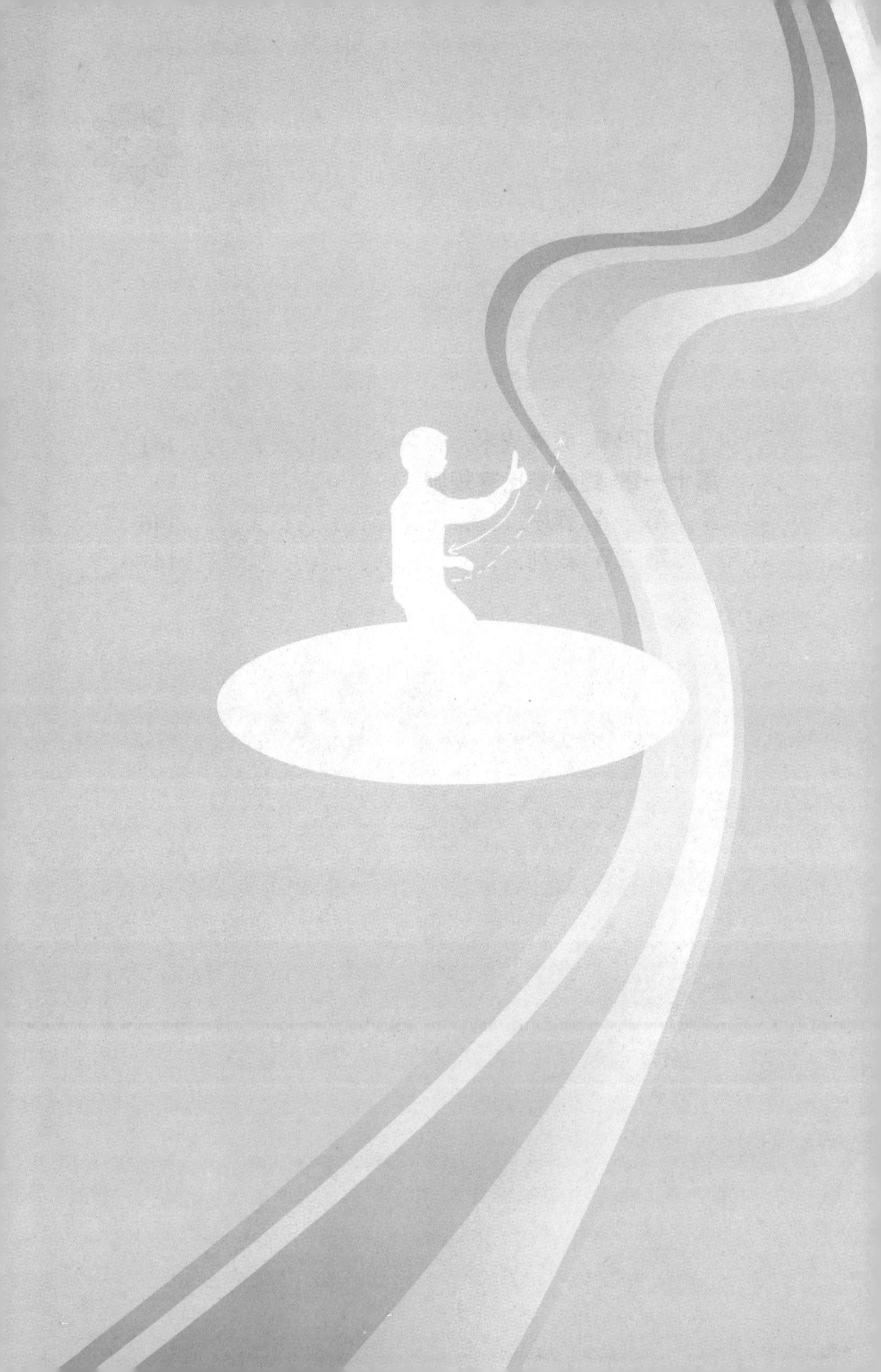

形意拳

第一章 运动保护

"生命在于运动",但是盲目、不科学的运动非但不能起到强身健体的作用,反而会给身体带来一定的伤害。只有掌握体育锻炼的一般性生理卫生知识,科学地进行体育锻炼,才能起到健身强体的作用。

第一节 生理卫生

青少年在进行体育运动时，除了应进行一般性的身体检查和必要的咨询外，还要注意培养运动兴趣和把握适当的运动强度。

一、培养运动兴趣

在进行体育运动前，必须培养自己对体育运动的兴趣。培养兴趣的方法有很多，如观看体育比赛，与同学、朋友进行体育比赛等。有了浓厚的兴趣，就能自觉地投入体育运动之中，从而达到理想的体育锻炼效果。

二、把握运动强度

因为青少年进行体育运动，主要是在享受体育运动的过程中增强体质，提高健康水平，而不仅是为了创造运动成绩，所以运动强度不宜过大。控制运动强度最简单的办法是测定运动时的脉搏。对青少年来说，运动时的脉搏控制在每分钟140次左右较为合适。

第二节 运动前准备

运动前进行充分的准备活动，对于青少年来说是非常重要的。一些青少年体育运动爱好者，常常不重视运动前的准备活动，导致各种运动损伤，影响运动效果，也容易失去对体育运动的兴趣，甚至造成对体育运动的畏惧。因此，青少年在进行体育运动前，必须做好充分的准备活动。

一、准备活动的作用

运动前做好充分的准备活动能够对肌肉、内脏器官有很大的保护作用，同时还可以提前调节运动时的心理状态。

（一）提高肌肉温度，预防运动损伤

运动前进行一定强度的准备活动，不仅可以使肌肉内的代谢过程加强，温度增高，血液黏滞性下降，提高肌肉的收缩和舒张速度，增强肌力，同时还可以增加肌肉、韧带的弹性和伸展性，减少由于肌肉剧烈收缩而造成的运动损伤。

（二）提高内脏器官的功能水平

内脏器官的功能特点之一就是生理惰性较大，即当活动开始、肌肉发挥最大功能水平时，内脏器官并不能立刻进入

最佳活动状态。

(三)调节心理状态

青少年进行体育锻炼不仅是身体活动,同时也是心理活动。研究证明,心理活动在体育锻炼中起着非常重要的作用。体育锻炼前的准备活动,可以起到心理调节的作用,即接通各运动中枢间的神经联系,使大脑皮层处于最佳兴奋状态。

二、如何进行准备活动

一般来说,准备活动主要应考虑内容、时间和运动量等问题。

(一)内容

准备活动可分为一般准备活动和专项准备活动。一般准备活动主要是一些全身性的身体练习,如跑步、踢腿、弯腰等。一般准备活动的作用在于提高整体的代谢水平和大脑皮层的兴奋状态,减少运动损伤的发生。专项准备活动是指与所从事的体育锻炼内容相适应的动作练习。

下面介绍一套一般准备活动操,供青少年运动前使用。这套活动操主要包括头部运动、肩部运动、扩胸运动、体侧运动、体转运动、髋部运动和踢腿运动等。

1. 头部运动

头部运动的动作方法(见图1-2-1)是：

两手叉腰，两脚左右开立，做头部向前、向后、向左、向右，以及绕环运动。

2. 肩部运动

肩部运动的动作方法(见图1-2-2)是：

手扶肩部，屈臂向前、向后绕环，以及直臂绕环。

3. 扩胸运动

扩胸运动的动作方法(见图1-2-3)是：

屈臂向后振动及直臂向后振动。

4. 体侧运动

体侧运动的动作方法(见图1-2-4)是：

两脚左右开立，一手叉腰，另一臂上举，并随上体向对侧振动。

5. 体转运动

体转运动的动作方法(见图1-2-5)是：

两脚左右开立，两臂体前屈，身体向左、向右有节奏地扭转。

6. 髋部运动

髋部运动的动作方法(见图1-2-6)是：

两脚左右开立，两手叉腰，髋关节放松，向左、向右各做360°旋转。

7. 踢腿运动

踢腿运动的动作方法(见图1-2-7)是：

两臂上举后振，同时一腿向后半步，然后两臂下摆后振，同时向前上方踢腿。

图 1-2-1

图 1-2-2

图 1-2-3

运动保护 YUNDONG BAOHU

图 1-2-4

图 1-2-5

图 1-2-6

007

图 1-2-7

(二)时间和运动量

　　准备活动的时间和运动量随体育锻炼的内容和量而定，由于以健身为目的的体育运动量较小，因此准备活动的量也相对较小，时间也不宜过长，否则，还未进行体育锻炼身体就疲劳了。半小时的体育锻炼，准备活动时间一般以 10 分钟左右为宜。

第三节 运动后放松

进行剧烈的体育运动后,有些青少年习惯坐在地上,或是直接躺下来休息,认为这样可以快速消除疲劳。其实不然,这样做的结果不仅不能尽快地恢复身体功能,反而会对身体产生不良影响,正确的做法应该是运动后做一些整理活动,放松身体。

一、运动后整理活动的必要性

运动后的整理活动不但可以避免头晕等症状,还可以有效地消除疲劳。

(一)避免头晕

人体在停止运动后,如果停下来不动,或是坐下来休息,静脉血管失去了骨骼肌的节律性收缩,血液会由于受重力作用滞留在下肢静脉血管中,导致回心血量减少,心血输出量下降,造成暂时性脑缺血,出现头晕、眼前发黑等一系列症状,严重者甚至会出现休克。为了避免这些症状的发生,整理活动是非常必要的。

(二)消除疲劳

除了避免头晕等症状的发生,运动后的整理活动还可以改善血液循环状态,达到快速消除疲劳的目的。

二、放松方法

在运动后放松时,应注意以下几个问题:

(1)做一些放松跑、放松走等形式的下肢运动,促进下肢静脉血的回流,防止体育锻炼后心血输出量的过度下降;

(2)在下肢活动后进行上肢整理活动,右臂活动后做左臂的整理活动,通过这种积极性休息,使身体功能得到尽快恢复;

(3)整理活动的量不要过大,否则整理活动又会引起新的疲劳;

(4)在进行整理活动时,应当保持心情舒畅、精神愉快。

第四节 恢复养护

　　人体在运动后，除采用休息和积极性体育手段加速身体功能的恢复外，还可以根据体育运动的特点，补充不同的营养物质，以尽快消除疲劳。

　　体育运动结束后，人体内会产生一种叫作乳酸的酸性物质，它的积累会造成肌体的疲劳，使恢复时间延长。所以，我们在体育运动后，应多补充一些碱性食物，如蔬菜、水果等，而动物性蛋白等肉类食品偏"酸"，在运动后的当天可适当减少摄入。

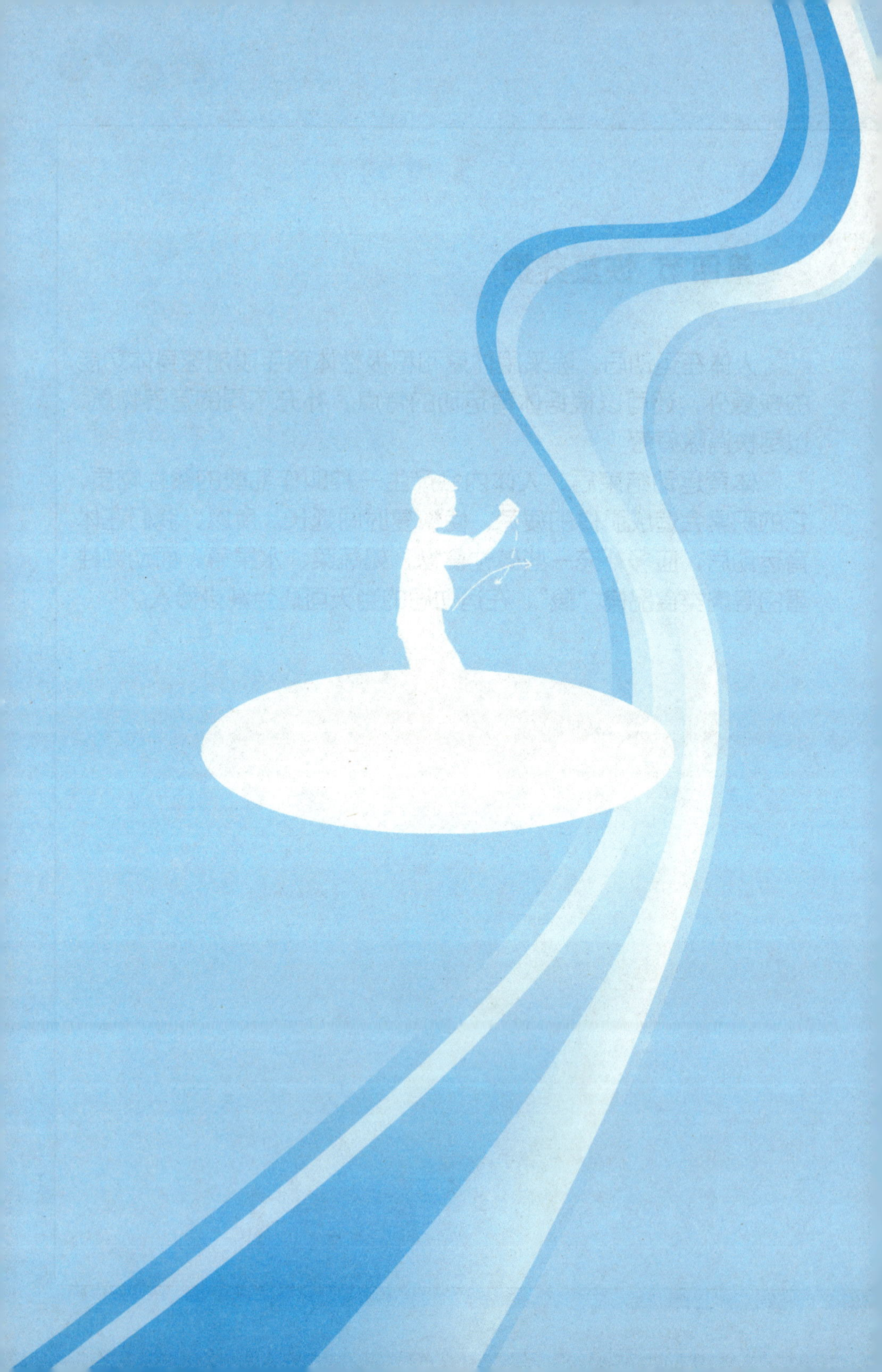

第二章 形意拳概述

形意拳是中国古老而著名的传统武术项目,具有较高的护身自卫、强身健体、艺术欣赏价值。它与八卦掌、太极拳、少林拳并称为中国四大名拳,在中国广泛流传,是中国武术优秀的文化遗产之一。

第一节 起源与发展

形意拳的历史悠久,是中华武术中著名的拳种之一。

一、起源

形意拳是由明末清初山西蒲州人姬际可所创,原名六合拳。

形意拳创立后,习练人数逐渐增加。乾隆年间,形意拳在山西、河南、河北一带传播。近百年来有了较快发展,几乎遍及全国各大城市。

形意拳从创立到现在,已有近四百年历史。

二、发展

在形意拳长期发展过程中,涌现出数以百计的大师和高手。

1888年,形意拳"三绝"(郭云深、买庄图、车永宏)之一的车永宏在天津打败了不可一世的日本人坂三太郎。

1918年,著名形意拳高手韩慕侠在北京打败了号称"周游世界未遇敌手"的俄国大力士康泰尔。

1925年秋,形意拳大师佟忠义在上海打败了日本柔道教练山井一郎等。

1914年，形意拳名家郝恩光东渡日本教授形意拳，首次把形意拳介绍到国外。此后，形意拳在日本、东南亚、美国等地传播开来，为促进我国同世界各国人民的文化交往发挥了积极的作用。

第二节 特点与价值

形意拳是我国武术门类中一种最简练的拳术，具有很高的技击实用功能和健身养生功能。

一、特点

形意拳有很多特点，比如形神兼备、刚柔相济、动静相兼、内外兼修、通体为拳、全身应对、严密紧凑、协调完整、沉实稳健、劲力充实、动作简练、节奏分明、直来直往、快速勇猛等。

（一）象形取意，内外合一

形意拳之所以称之为"形意"，是由于形意拳吸收并运用了很多动物的攻防特点，讲究象形取意，同时也由于形意拳要求"心意诚于中，肢体形于外"，外形与内意必须高度统一。

（二）简洁明快，朴实无华

形意拳的动作，大多目标明确、直来直往、不搭花架、不设虚

招,古朴纯真、注重实用。

(三)寓防于攻,后发先至

形意拳强调以我为主、寓防于攻,把主动进击和积极防御有机地结合起来,招招式式都贯穿着寓防于攻的原则。

二、价值

形意拳博大精深,具有较高的价值,深受人们的喜爱。

(一)护身自卫

形意拳浑身是拳、处处可发、攻守有法、招式灵活、快速猛烈,具有很强的技击功能,可护身自卫。

(二)强身健体

练习形意拳对消除中枢神经系统紊乱有着良好的体育医疗作用;对增加四肢力量、加快运动速度、提高机体的柔切性和敏感性,乃至从总体上强壮身体有着十分明显的作用;对呼吸功能有着直接的锻炼和增强作用;对消化吸收、气血运行、新陈代谢有很好的促进作用。总之,长期坚持习练形意拳,可以防病祛病、修身养性、健体养生,能够全面增强各项身体素质,益寿延年。

(三)艺术欣赏

形意拳具有较高的体育运动艺术观赏价值,在对抗性竞技比赛中给人以美的享受,可以丰富人们的精神文化生活。

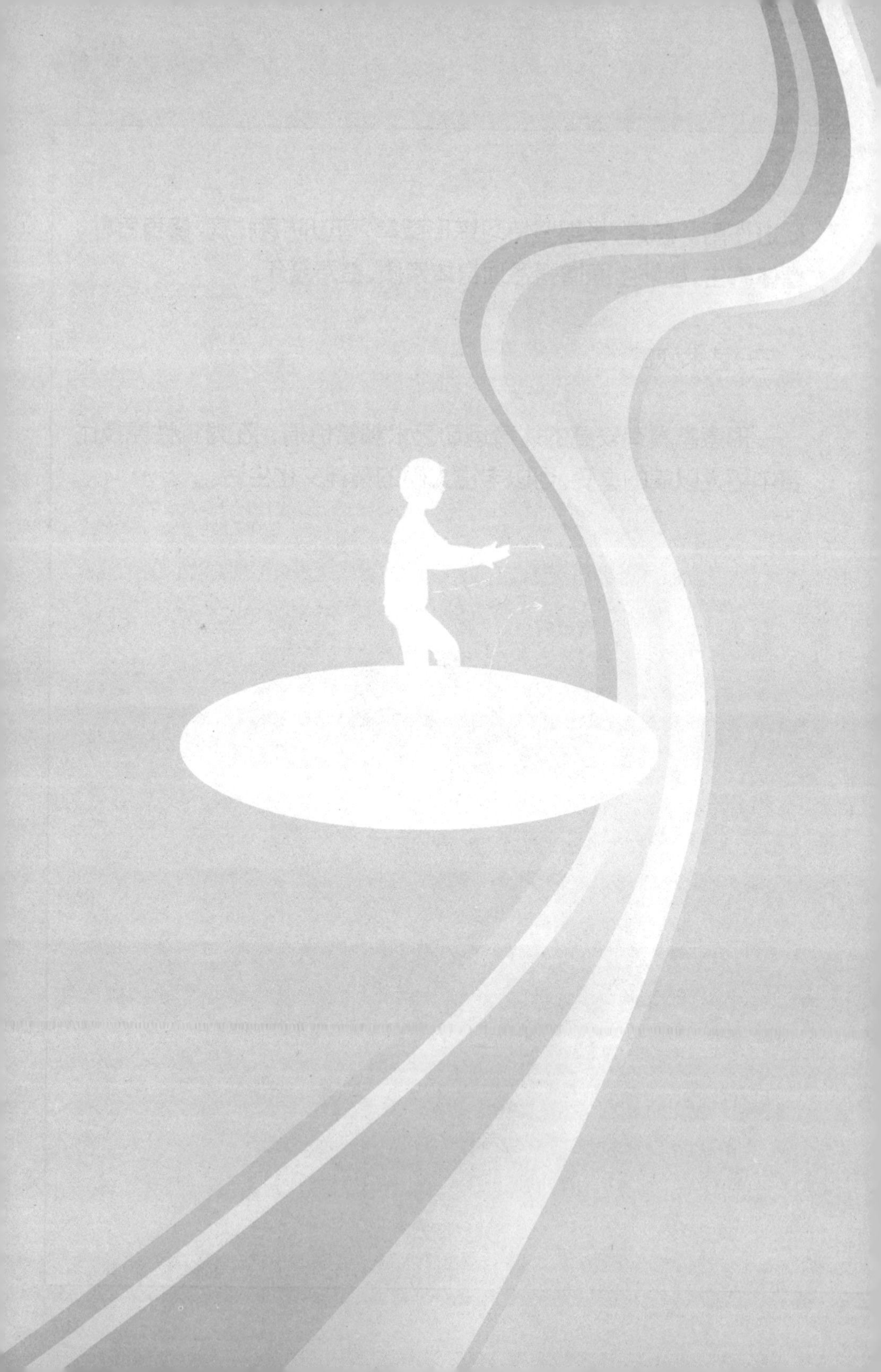

第三章 形意拳场地和装备

练习形意拳,场地和装备是必备的条件。良好的场地和装备可以避免运动损伤的发生,使练习者修养身心。

第一节 场地

初学者最好在正规的比赛场地练习，也可以在空地或家里的地板上（铺有地毯或海绵垫子最好）练习。

一、规格

（1）形意拳比赛在长 14 米、宽 8 米的地毯上进行；
（2）在场地的两长边中间各做 1 条长 30 厘米、宽 5 厘米的中线标记，用来区别左右半场。

二、要求

地毯四周内沿应标明 5 厘米宽的白线，以提醒选手注意场地范围。

第二节 装备

在练习形意拳或比赛时,一般穿着传统中式武术服装。

一、服装

(1)女子为中式半开小褂(长袖或短袖自定),5对中式直袢,男子为中式对襟小褂(长袖或短袖自定),7对中式直袢;
(2)灯笼袖,袖口处加两对中式直袢;
(3)中式裤、西式腰,立裆要适宜(见图3-2-1)。

图 3-2-1

二、鞋

鞋一般用软胶底,要便于蹬地和发力,而且防滑。

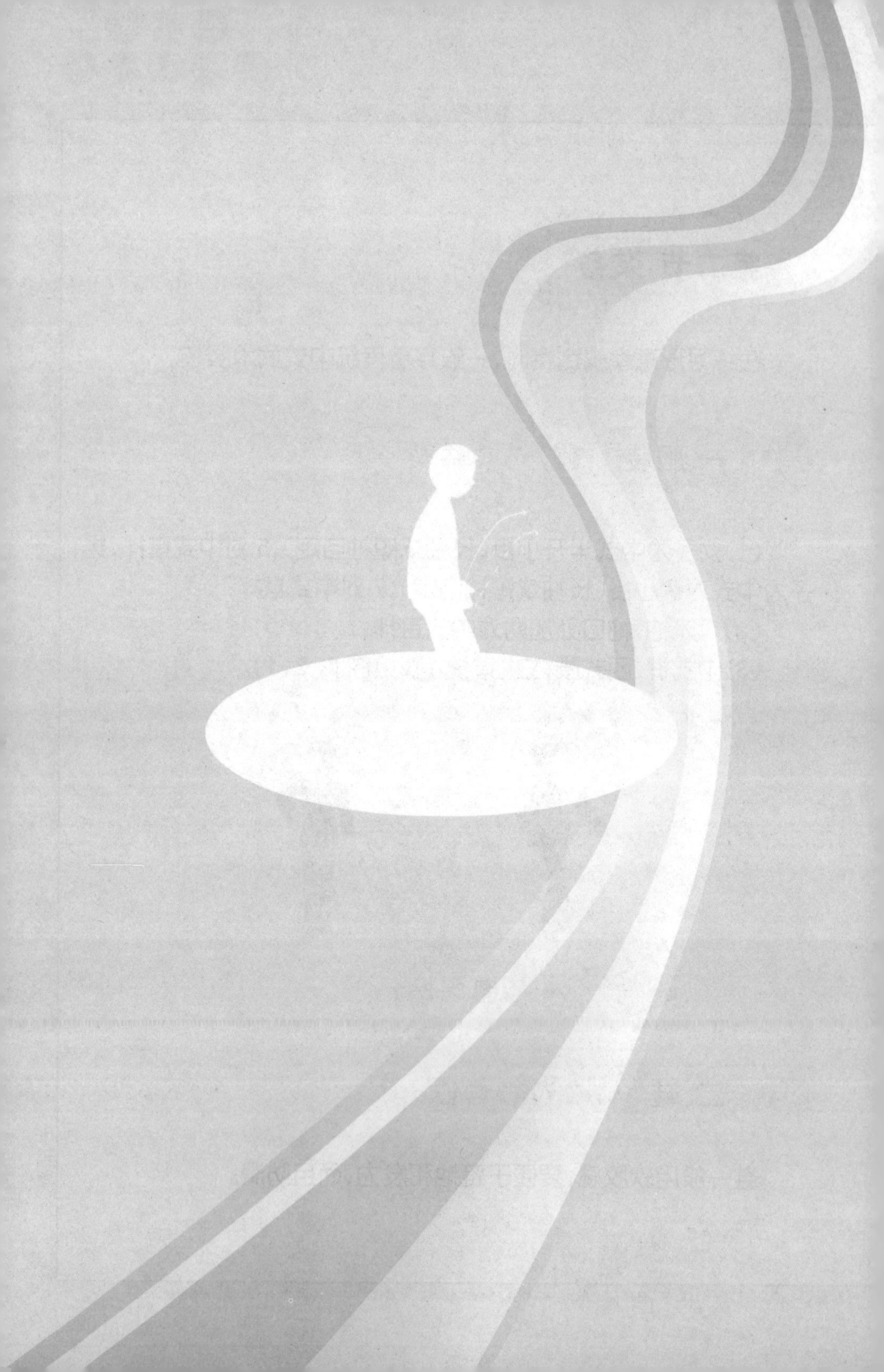

第四章 形意拳基本技术

形意拳博大精深，内容十分丰富。简单说，形意拳的基本技术包括基本桩功、形意十二形功拳和鹰熊合演等。

第一节 基本桩功

三体势又称三才势,是形意拳的基本姿势和基本桩功,比较集中地体现了形意拳的原理、要领和特点。尽管形意拳拳路变化多,但主要姿势和内在功力都离不开三体势,包括三体势起势和三体势收势等。

一、三体势起势

三体势起势的动作方法(见图 4-1-1)是:

(1)身体正立,全身放松,竖项沉肩,两臂自然下垂,掌心向里靠于大腿外侧,舌抵上腭,下颌略收,平心静气;

(2)两腿慢慢向下弯曲,呈半蹲姿势,与此同时,两掌提至胸前,掌心向下,手指向前,左手附在右手之下,两手中指相叠;

(3)左脚向前直进一步,前脚掌略里扣,右脚掌斜对前脚跟,身体重心略偏于右腿,与此同时,左掌缓缓向前伸出,屈肘塌腕,掌心内含,食指挑起,拇指撑开;

(4)右掌按至腹前,塌腕凹掌,五指松开,拇指根节一侧紧靠神阙穴(肚脐),目视左手食指尖,此定势即三体势。

图 4-1-1

二、三体势收势

三体势收势的动作方法（见图 4-1-2）是：

（1）接上势，两腿轻缓起立，重心渐移至右脚，左脚慢慢收回，与此同时，左臂外旋使掌心转向上，左掌水平移至左侧，右掌先向右侧划弧（前臂逐渐外旋使掌心朝上），随后上提至与左掌等高，目视右掌；

（2）左脚向右脚并拢，与此同时，两掌在眼前合拢（掌心相对），

徐徐下落（转为掌心向下），经腹前置于身体两侧；

（3）最后，全身呈正立姿势，顶头竖项，双目平视，沉肩垂肘，实腹松胸，呼吸自然，气沉丹田，至此结束。

图 4-1-2

第二节 形意十二形功拳

形意十二形功拳包括龙形、虎形、猴形、马形、鼍形、鸡形、鹞形、燕形、蛇形、鸟台形、鹰形和熊形等。

一、龙形

龙形主要锻炼身体的起落伸缩、手法的钻翻屈伸、步法的盘屈转换,包括龙形右势和龙形左势。

(一)龙形右势

龙形右势的动作方法(见图4-2-1)是:

(1)三体势之后,左掌边下落、边收回、边握拳,左前臂里旋使拳心转向下,按至腹前,拇指根节一侧紧靠神阙穴,与此同时,右掌握拳,右前臂外旋使拳心转向上,随即向前、向上出拗步钻拳;

(2)左脚前脚掌略向左撇后全脚掌着地,重心移至左脚,膝略屈而立,右脚提起,脚尖向右,与此同时,两拳变掌,左掌上提并将掌心转向上,右掌下落并将掌心转向下,左掌从右掌掌背上沿向前穿;

(3)右腿提膝向前侧踹(脚尖向右偏,脚跟向前蹬),与此同时,左掌穿出后左臂里旋使掌心转向下,左掌在胸前,右掌在腰侧;

(4)右腿下蹲,呈右腿在上在前、左腿在下在后的坐盘式,右脚全脚掌着地,脚尖向右,左脚后跟跷起,前脚掌着地,与此同时,两掌随身体下落一同向下按,左掌按于前方(悬空),右掌按至腰的右后侧。

图 4-2-1

(二)龙形左势

龙形左势的动作方法(见图 4-2-2)是：

(1)全身略起立呈右三体势步,右掌按至腹前,拇指根节一侧紧靠神阙穴,与此同时,左掌握拳并外旋使拳心转向上,随即向前、

向上出拗步钻拳；

（2）右脚前脚掌向右撇后全脚掌着地，重心前移至右脚，膝略屈而立，右脚提起，脚尖向左，与此同时，右掌上提并将掌心转向上，左拳变掌下落并将掌心转向下，右掌从左掌掌背上沿向前穿；

（3）左腿提膝向前侧踹（脚尖向左偏，脚跟向前蹬），与此同时，右掌穿出后右臂里旋使掌心转向下，右掌在胸前，左掌在腰侧；

（4）右腿下蹲，呈左腿在上在前、右腿在下在后的坐盘式，左脚全脚掌着地，脚尖向左，右脚后跟跷起，前脚掌着地，与此同时，两掌随身体下落一同向下按，左掌按于前方（悬空），右掌按至腰的右后侧。

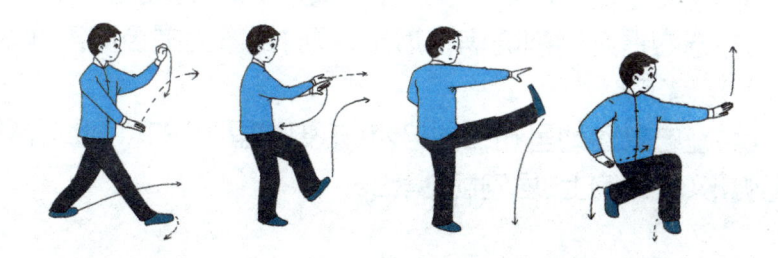

图 4-2-2

二、虎形

虎形主要锻炼蹬足纵步、双掌劈按,包括虎形右势和虎形左势。

(一)虎形右势

虎形右势的动作方法(图4-2-3)是:

(1)三体势之后,左脚前脚掌略向左撇后全脚掌着地,重心移至左脚,右脚提起,脚尖在左脚右侧点地呈丁步;

(2)与此同时,左掌略向下收回,右掌向上提起,腹部蓄气,两掌在胸前并拢(掌心相对,相距不超过10厘米),随即两掌以小指一侧劈向自己腹部(两掌掌根靠在神阙穴两侧,指尖均向下);

(3)右脚提起向前略偏右迈出,同时两掌上提至胸前(两掌指尖向前略偏下);

(4)在右脚落地呈右三体势步(前脚掌里扣)的一刹那,两掌并排沿弧形(先略向上、后向前)劈出。

图 4-2-3

(二)虎形左势

虎形左势的动作方法(见图 4-2-4)是:

(1)接上势,右脚前脚掌略向右撇后全脚掌着地,重心移至右脚,左脚提起,脚尖在右脚左侧点地呈丁步;

(2)与此同时,腹部蓄气,两掌并拢(掌心相对,相距不超过10厘米),以小指一侧劈向自己腹部(两掌掌根靠在神阙穴两侧,指尖均向下);

(3)左脚提起向前略偏左迈出同时,两掌上提至胸前(两掌指

尖向前略偏下);

(4)在左脚落地呈三体势步(前脚掌里扣)的一刹那,两掌并排沿弧形(先略向上、后向前)劈出。

图 4-2-4

三、猴形

猴形主要锻炼身体的灵沽敏捷、快速有力,提高纵跳伸缩、转体刁打、闪展腾挪等本领。猴形套路的动作方法(见图4-2-5)是:

(1)左顺步三体势之后,左脚前脚掌略向左撇后全脚掌着地,重心转至左脚,右脚提起向前迈出,与此同时,左掌略下落,收回胸前,掌心转向上,右掌略上提,掌心转向下,从左掌下边向前穿出;

（2）在右脚上步呈右三体势步的同时，出右顺步横掌（右手掌心转向上，力点在小指一侧掌根），左掌掌心转向下，按至腹前，拇指根节一侧紧靠神阙穴；

　　（3）右脚前脚掌略向右撇并踏稳，重心移至右脚，左脚提起向前迈出，与此同时，右掌略里收至胸前（掌心向上），左掌（掌心向下）略上提，从右掌下边向前穿出；

　　（4）在左脚上步呈左三体势步的同时，出左顺步横掌（左掌心转向上，力点在小指一侧掌根），右掌掌心转向下，按至腹前，拇指根节一侧紧靠神阙穴；

　　（5）左脚前脚掌略向左撇后全脚掌着地，重心移至左脚，右脚后跟擦地，前脚掌向上勾踢（俗称"卷地风"），与此同时，右掌跷起（掌心向前上方），以掌根向上（略偏前）托打，左掌收回按至腹前，拇指根节一侧紧靠神阙穴；

　　（6）随后右脚上步呈右三体势步，与此同时，右肘顺势向前顶击，右掌护于耳垂后方（以上动作俗称"虎抱头"），左掌立起护于右上臂内侧；

　　（7）左脚前脚掌略里扣，右脚退回左脚之后呈左三体势步，与此同时，左掌向前提起（掌心转向前），右掌下落至胸前（掌心亦向前），重心后移，两掌至腰的右侧时，重心前移还原，同时两掌又一同向前推出（掌心向前，以掌根向前推）；

　　（8）左脚以脚后跟为轴，右脚以前脚掌为轴，迅速从右向后转身，重心落在左脚，左膝略屈，右脚脚尖点地呈高架虚步，与此同时，右臂屈肘，右前臂竖起，右掌四指并排屈起（掌心向前，指尖向下），提于右额前，左臂下垂，屈肘，前臂横置腰前左侧，左掌四指并排屈起（指尖向下）；

(9)左脚蹬地向上跳起,两掌在胸前快速向前、向下、向里、向上、向前抓三圈(右手抓两圈,左手抓一圈),两脚落地呈三体势步,出左顺步劈掌,右掌按至腹前;

(10)重心逐渐后移的同时,左、右掌一前一后向右按拽,待右掌拽至右侧时,迅速将重心移至左脚,右腿猛然提膝向上顶击,与此同时,右拳拳背向上抬击,左掌握拳置于腹前;

(11)随后右脚落下,脚尖点地呈高架虚步,与此同时,右拳收至右额前变掌,四指并排屈起(掌心向前,指尖向下),左拳亦变掌,指并排屈起(指尖向下)置于腹前;

(12)左脚用力蹬地向前跳呈右丁步(右腿屈膝下蹲,右脚全脚掌着地,重心在右脚,左脚尖在右脚左侧点地),与此同时,右手握拳自上而下向右脚右侧(略前)离地面约一寸处出拳(拳面向下),左拳变掌立起(掌心向右,五指向上)护于右上臂左侧;

(13)左脚跟落地站稳,右脚上步(震脚)呈右三体势步的同时,出右顺步钻拳,左掌握拳按至腹前,拇指根节一侧紧靠神阙穴;

(14)右脚以后跟为轴,左脚以前脚掌为轴,从左向后转身,左脚先略收回迅即上步呈左三体势步,与此同时,右肘自右向上、向前盖压,右拳(掌心向上)停于胸前,左拳在胸前右臂里侧自上向下、向前翻转下砸(拳心向上),停于右拳略前;

(15)重心移至右脚,左脚略收回,脚尖点地呈高架虚步,与此同时,两拳一道从右向后,再向上、向前划弧,落丁胸前呈立拳(左拳在前,右拳在后,拳眼均向里);

(16)左脚收至右脚左侧,与此同时,两拳变掌分别从两侧上举划弧,经胸前落于两侧,自然下垂,呈正立姿势。

XINGYIQUAN JIBEN JISHU 形意拳基本技术

035

形意拳 螳螂拳

XINGYIQUAN JIBEN JISHU 形意拳基本技术

图 4-2-5

四、马形

马形主要锻炼后腿蹬地、前腿远纵、周身运动、双拳飞冲等,包括马形右势和马形左势。

(一)马形右势

马形右势的动作方法(见图4-2-6)是:

(1)左顺步三体势之后,重心移至右脚,左脚提起,脚尖在右脚前点地呈高架虚步,与此同时,左掌边下落、边收回、边握拳(拳心向下),右掌先略向上、向前伸并握拳(拳心亦向下),两拳一同置于胸前;

(2)左脚前脚掌略向左撇后全脚掌着地,重心移至左脚,右腿猛然提膝向上顶,与此同时,两拳在胸前由里向上、向前翻出(拳心转向上),以拳背向下砸至右膝两侧;

(3)右腿向前蹬出,右脚落地呈右三体势步,与此同时,两前臂里旋,两拳并排向前击出(拳面向前,拳背向上,两腕绷起)。

图 4-2-6

(二)马形左势

马形左势的动作方法(见图4-2-7)是：

(1)接上势，重心移至左脚，右脚提起，脚尖在左脚前点地呈高架虚步，与此同时，两拳一同收至胸前(拳心均向下)；

(2)右脚落地站稳，重心移至右脚，左腿猛然提膝向上顶，与此同时，两拳在胸前由里向上、向前翻出(拳心转向上)，以拳背向下

砸至左膝两侧；

（3）左腿向前蹬出，左脚落地呈左三体势步，与此同时，双前臂里旋，两拳并排向前击出（拳面向前，拳背向上，两腕绷起）。

图 4-2-7

五、鼍形

鼍俗称"猪婆龙",其力甚大,有翻江倒海之劲力,且很灵活,有水中浮沉之灵巧。练习鼍形,主要是锻炼腰部拧转的灵活性,并增强拧动的力量。鼍形套路的动作方法(见图4-2-8)是:

(1)左顺步三体势之后,重心移至右脚,左脚提起,脚尖在右脚左侧点地呈丁步,两膝略屈,同时向右拧腰带动左掌收回,虎口向下,右掌略提起,虎口向上,两掌虎口相对(若环状),置于腰前右侧;

(2)左脚上步呈左三体势步,同时向左拧腰带动两掌向左前方推出(左掌在上,右掌在下,两掌虎口相对);

(3)左脚前脚掌略向左撇后全脚掌着地,重心移至左脚,右脚提起,脚尖在左脚右侧点地呈丁步;

(4)两膝略屈,与此同时,两掌一道向右、向上、向左、向下划一竖立的平圆,置于腰前左侧(在划圆过程中转为右掌在上,左掌在下,仍虎口相对);

(5)右脚上步呈右三体势步同时,向右拧腰带动两掌向右前方推出(右掌在上,左掌在下,两掌虎口相对);

(6)左脚前脚掌略向里扣后全脚掌着地,右脚向后退一步呈左三体势步,重心移至右脚,与此同时,左手握拳从右向上、向左格架,右手握拳按至腹前,拇指根节一侧紧靠神阙穴;

(7)右脚前脚掌略向里扣后全脚掌着地,左脚向后退一步呈右三体势步,重心移至左脚,与此同时,右拳从左向上、向右格架,左拳按至腹前,拇指根节一侧紧靠神阙穴;

（8）右脚前脚掌略向右撇后全脚掌着地，左脚上步呈左三体势步，与此同时，两拳变掌，两掌收回胸前（掌心均向上），左掌从右掌之上穿出，向上出左顺步劈掌，右掌按至腹前，拇指根节一侧紧靠神阙穴。

图 4-2-8

六、鸡形

鸡形主要锻炼下盘的独立、蹲蹬能力和臂膀的撑张、格架能力。鸡形套路的动作方法(见图 4-2-9)是：

(1) 左顺步三体势之后,重心移至右脚,左脚提起略收回,随即

043

上步呈左三体势步，与此同时，右掌提起（掌心转向上），左掌先收回随即从右掌上方穿出，出左顺步劈掌，右掌（掌心转向下）按至腹前，拇指根节一侧紧靠神阙穴；

（2）左脚前脚掌略向左撇后全脚掌着地，重心移至左脚，右脚上步呈右三体势步，与此同时，右手出右顺步钻拳，左掌握拳（拳心向下）按至腹前，拇指根节一侧紧靠神阙穴；

（3）右脚前脚掌略向右撇后全脚掌着地，重心移至右脚，左脚上步呈左三体势步，出左顺步炮拳（左拳出崩拳，右拳向右格架至右额旁）；

（4）右脚提起随即踏实，右拳变掌自上向后、向下划弧，置于腰侧（掌心向下，指尖向前），与此同时，左脚向前离地约一掌高处崩踢（脚面绷平），左拳松开呈掌（掌心向下）先略收回，随即以指尖向前偏下刺出；

（5）左右两掌定势不动，左脚落地，右脚上一步，左脚再上一步呈左三体势步，右掌握拳出右拗步崩拳，左掌（掌心转向右）立掌护于右手腕左侧，左脚先退一步，再立即上一步，出左顺步横掌，同时右拳变掌按至腹前，拇指根节一侧紧靠神阙穴；

（6）左脚前脚掌略向左撇并后退半步站稳，右脚提起，脚尖在左脚右侧点地呈丁步，与此同时，左掌后抽，向下、向后、向上亮掌（掌心向前），右掌插向腰左侧下方（掌心向上），右脚上步呈右三体势步，右掌食指一侧向前撩击（此动作俗称"撩阴掌"），左掌按至腹前，拇指根节一侧紧靠神阙穴；

（7）左脚前脚掌略里扣后全脚掌着地，右脚退一步呈左三体势步，与此同时，出左顺步劈掌，右掌按至腹前，拇指根节一侧紧靠神阙穴；

（8）右脚前脚掌略里扣后全脚掌着地，左脚退一步呈右三体势步，与此同时，出右顺步崩拳，左掌收回，立掌护于右腕左侧；

（9）右脚前脚掌略向右撇后全脚掌着地，重心移至右脚，左脚提起，脚尖在右脚左侧点地呈丁步，与此同时，左掌握拳，两拳从两侧向下划弧交叉（交叉点在腕部，左拳在里）；

（10）左脚全脚掌着地，重心移至左脚，右脚提起，脚尖在左脚右侧点地呈丁步，两拳一同向上架起至额前（在腕部交叉，左拳在外），与此同时，左脚略跐起，两拳下砸至胸前（拳背均向下，左拳略前），左脚上步呈三体势步，出右拗步崩拳，左立掌护于右腕左侧（以上动作俗称"白鹤亮翅"）；

（11）右拳变掌，两掌从两侧向下划弧在腹前交叉（交叉点在腕部，左掌在外），两脚跐起，以前脚掌为轴向右转，随即两脚猛地全脚掌震脚，呈右三体势步（两腿里裹），与此同时，右肘屈肘顶向右上方，右掌掌心向前，左掌（掌心向下）以小指一侧劈向左下方（以上动作俗称"锦鸡撒膀"）；

（12）左脚前脚掌略里扣，向右转身，右腿提膝，随后向前纵跳，右脚落地，右腿下蹲，重心在右脚，左脚尖在右脚左侧点地呈丁步，与此同时，左臂上架（掌心向前），右掌插向腰左侧（掌心转向上）；

（13）左脚全脚掌着地，右脚上步呈右三体势步，与此同时，右掌食指一侧向前撩击，左掌按至腹前，拇指根节一侧紧靠神阙穴；

（14）左脚前脚掌略里扣后全脚掌着地，右脚退步呈左三体势步，出左顺步劈拳，右拳收回按至腹前，拇指根节一侧紧靠神阙穴；

（15）右脚前脚掌略里扣后全脚掌着地，左脚退步呈右三体势步，与此同时，出右顺步崩拳，左掌收回立掌护于右腕左侧；

（16）右脚前脚掌略向后撇后全脚掌着地，重心移至右脚，左脚

尖在右脚左侧点地呈丁步，与此同时，左掌握拳，两拳从两侧向下划弧交叉（交叉点在腕部，左拳在里）；

（17）左脚全脚掌着地，重心转至左脚，右脚尖在左脚右侧点地呈丁步，与此同时，两拳向上架起至额前（在腕部交叉，左拳在外），与此同时，左脚略踮起，两拳下砸至胸前（拳背均向下，左拳略前），左脚上步呈左三体势步，右手出崩拳，左拳变掌，立掌护于右腕左侧；

（18）右拳变掌，两掌从两侧向下划弧，在胸前交叉（交叉点在腕部，左掌在外），两脚踮起，以前脚掌为轴向右转身，随即两脚猛地震脚，呈右三体势步（两腿里裹），与此同时，右肘屈肘顶向右上方（右掌心向前），左掌（掌心向下）以小指一侧劈向左下方；

（19）两脚踮起，以两脚前脚掌为轴向右转身，两脚呈叉步，与此同时，左手向左出劈掌，右掌下按至腹前，拇指根节一侧紧靠神阙穴；

（20）两臂向两侧展开提起，自外向里、自上而下落下，收于两侧，左脚提起向右脚并拢，呈正立姿势。

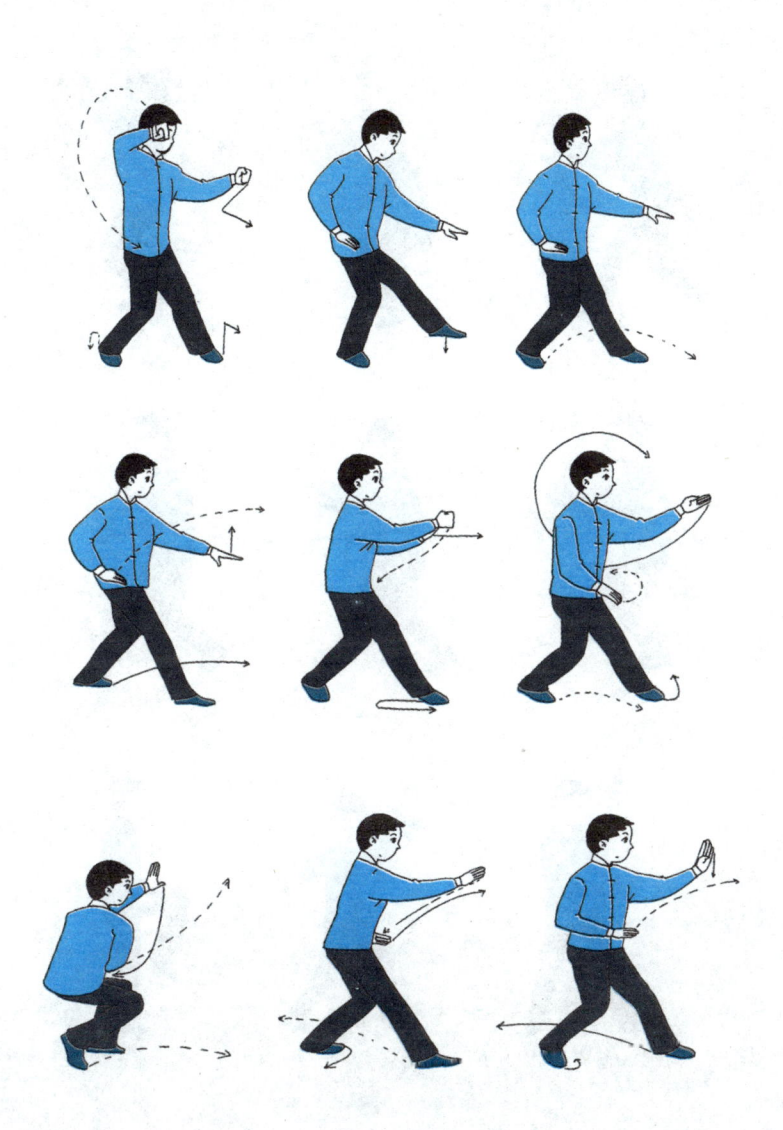

XINGYIQUAN JIBEN JISHU

形意拳 螳螂拳

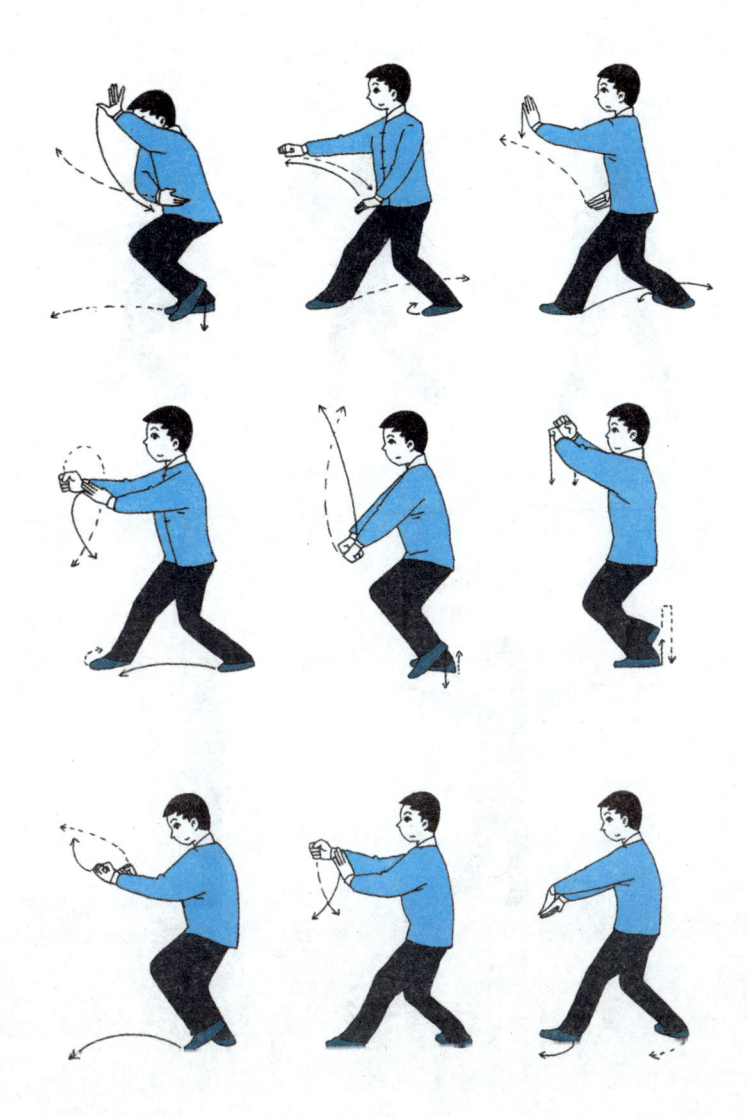

XINGYIQUAN JIBEN JISHU

图 4-2-9

七、鼍形

鼍形主要锻炼腿脚的勾踢、平衡能力和臂膀的格架、翻转能力，包括鼍形右势和鼍形左势。

(一)鼍形右势

鼍形右势的动作方法(见图4-2-10)是：

(1)左顺步三体势之后，重心移于右脚，左脚提起略收回，向右、向上、向左做竖立的圆形勾踢，与此同时，左掌握拳下落略收回，自左向下、向右、向上做竖立的圆形定位；

(2)左脚落地踏实，右脚上步呈右三体势步，与此同时，右手出崩拳，左手上架护于左额前(拳心向外)。

图4-2-10

(二)鹞形左势

鹞形左势的动作方法(见图4-2-11)是：

(1)接上势,重心移于左脚,右脚提起略收回,向左、向上、向右做竖立的圆形勾踢,与此同时,右拳自右向下、向左、向上做竖立的圆形定位,左拳按至腹前,拇指根节一侧紧靠神阙穴；

(2)右脚落地踏实,左脚上步呈左三体势步,与此同时,左手出崩拳,右手上架护于右额前(拳心向外)。

图4-2-11

八、燕形

燕形主要锻炼身体下势起伏、纵跃独立、灵活旋转的能力,包括燕形右势和燕形左势。

(一)燕形右势

燕形右势的动作方法(见图 4-2-12)是:

(1)左顺步三体势之后,重心移于右脚,左脚提起收回略一垫步,右脚用力后蹬向前纵跳(尽量远些),落地呈丁步(右脚全脚掌着地,重心在右脚,左脚尖在右脚左侧点地,两腿屈膝),与此同时,右掌迅速从腹部后抽并向后、向上划弧,再自上而下迅速插至右脚里侧(掌心向左),左手收回立掌护于右肩前;

(2)左脚落地用力蹬地向后独立支撑(膝略屈),与此同时,左腿提膝,脚跟置于裆的前方,前脚掌上翘(略偏左),左手掌根停靠左脚踝骨内侧(掌心向右,五指向前),右手在右上方亮掌(掌心向右);

(3)左脚落地呈左三体势步,与此同时,左掌先在腹前向下插,随即以食指一侧向前撩击(即"撩阴掌"),右掌落于腰旁(掌心向下);

(4)左脚前脚掌略向左撇后全脚掌着地,重心移至左脚,右脚上步呈右三体势步,右臂从腰旁向上、向后、向下、向前大旋,右掌顺势向前托打(掌心向上),左臂在左上方架住,掌心向左。

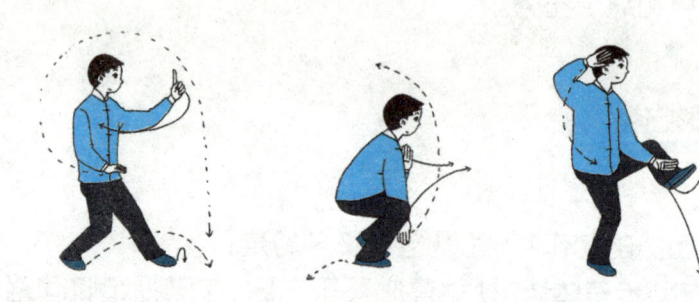

图 4-2-12

(二)燕形左势

燕形左势的动作方法(见图 4-2-13)是：

(1)接上势,重心移于左脚,右脚提起收回略一垫步,左脚用力后蹬向前纵跳(尽量远些),落地呈丁步(左脚全脚掌着地,重心在左脚,右脚尖在左脚右侧点地,两腿屈膝),与此同时,左掌从左上方自上而下迅速插至左脚里侧(掌心向右),右手立掌护于左肩前;

(2)右脚落地用力蹬地向后纵跳,左脚落地后独立支撑(膝略屈),与此同时,右腿提膝,脚跟置于裆的前方,前脚掌上翘(略偏右),右手掌根停靠右脚踝骨内侧(掌心向左,五指向前),左手在左上方亮掌(掌心向左);

(3)右脚落地呈右三体势步,右掌先在腹前向下插,随即以食指一侧向前撩击(即"撩阴掌"),左掌落于腰旁(掌心向下);

(4)右脚前脚掌略向右撇后全脚掌着地,重心移至右脚,左脚上步呈左三体势步,左臂从腰旁向上、向后、向下、向前大旋,左掌顺势向前托打(掌心向上),右臂在右上方架住,掌心向右。

图 4-2-13

九、蛇形

蛇形主要锻炼身体伸缩自如、运转灵活、游弋曲折的能力,包括蛇形右势和蛇形左势。

(一)蛇形右势

蛇形右势的动作方法(见图 4-2-14)是:

(1)左顺步三体势之后,左脚前脚掌略向左撇后全脚掌着地,重心移至左脚,右脚尖在左脚右侧点地呈丁步,两腿下蹲,与此同时,右掌向左胯插去(掌心向上),左掌收回向右格架,立掌护于右

肩前(掌心向右,五指向上);

（2）右脚向前(略偏右)上步呈右三体势步同时,右掌以食指一侧自左向下,再向前(略偏右)撩击,左掌按至腹前,拇指根节一侧紧靠神阙穴。

图4-2-14

（二）蛇形左势

蛇形左势的动作方法(见图4-2-15)是：

（1）接上势,右脚前脚掌略向右撇后全脚掌着地,重心移至右脚,左脚尖在右脚左侧点地呈丁步,两腿下蹲,与此同时,左掌向右胯侧插去(掌心向上),右臂收回向左格架,右掌立掌护于左肩前(掌心向左,五指向上);

（2）在左脚向前（略偏左）上步呈左三体势步的同时，左掌以食指一侧自右向下、向前（略偏左）撩击，右掌按至腹前，拇指根节一侧紧靠神阙穴。

图 4-2-15

十、鸟台形

鸟台形主要锻炼两臂合环的劲气和两掌前面攻击的力量，包括鸟台形右势和鸟台形左势。

(一)鸟台形右势

鸟台形右势的动作方法(见图4-2-16)是:

(1)左顺步三体势之后,左脚前脚掌略向左撇后全脚掌着地,重心移至左脚,右脚尖在左脚右侧点地呈丁步,两膝略屈,与此同时,左掌收回,右掌上抬,两掌在胸前并拢(掌心相对,十指向上),一道略向上穿;

(2)掌心转向前,两掌拇指一侧紧靠,两臂外旋,带动两掌分别向两侧、向下像打开折扇一样展开,使两掌的十指均转为朝下,同时双掌逐渐降至腹前(两掌小指一侧紧靠,掌心仍向前);

(3)右脚上步呈右三体势步的同时,双掌并排向前(略向右)推击。

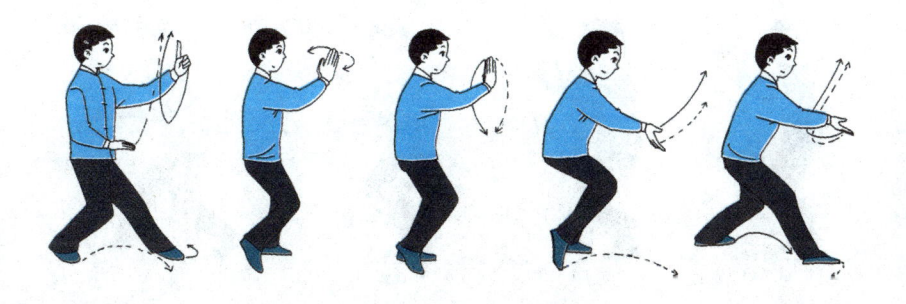

图4-2-16

(二)鸟台形左势

鸟台形左势的动作方法(见图4-2-17)是：

(1)接上势，右脚前脚掌略向右撇后全脚掌着地，重心移至右脚，左脚尖在右脚左侧点地呈丁步，两膝略屈，与此同时，两掌收回在胸前并拢(掌心相对，十指向上)，一道略向上穿；

(2)掌心转向前，两掌拇指一侧紧靠，两臂外旋，带动两掌分别向两侧、向下像打开折扇一样展开，使两掌的十指均转为朝下，同时双掌逐渐降至腹前(两掌小指一侧紧靠，掌心仍向前)；

(3)左脚上步呈左三体势步的同时，双掌并排向前(略向左)推击。

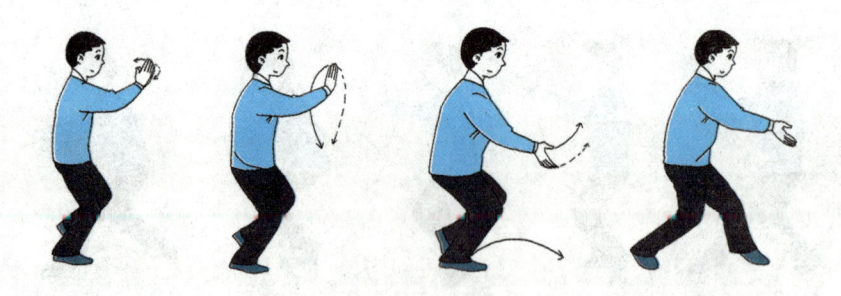

图4-2-17

十一、鹰形

鹰形主要锻炼手上指抓功夫和身形合一的劲气，包括鹰形左势和鹰形右势。

（一）鹰形左势

鹰形左势的动作方法（见图4-2-18）是：

（1）左顺步三体势之后，左掌边下落、边收回、边握拳，左前臂里旋使拳心转向下，拇指根节一侧紧靠神阙穴，与此同时，右掌握拳，右前臂外旋使拳心转向上，随即向前、向上出拗步钻拳（拳面向上，拳心向里）；

（2）左脚前脚掌略向左撇后全脚掌着地，重心移至左脚，在右脚上步呈右三体势步的同时，左拳变掌自后向上、向前上方抓击（掌心向下）并做瞬间停留，右拳下落至腰侧。

图4-2-18

(二)鹰形右势

鹰形右势的动作方法(见图 4-2-19)是：

(1)接上势，左掌边下落、边收回、边握拳，收腹至前，左前臂外旋使拳心向上，随即向前、向上出拗步钻拳；

(2)右脚前脚掌略向右撇后全脚掌着地，重心移至右脚，在左脚上步呈左三体势步的同时，右拳变掌自后向上、向前上方抓击(掌心向下)并做瞬间停留，左拳下落至腰侧。

图 4-2-19

十二、熊形

熊形主要锻炼身体肩、膀、臂进行横格、裹拨的劲力和灵活性，包括熊形右势和熊形左势。

(一)熊形右势

熊形右势的动作方法(见图4-2-20)是：

(1)左顺步三体势之后，重心移至右脚，左脚略收回，与此同时，左手收回，两手握拳，在腹前交叉(交叉点在腕部，右拳在前)；

(2)左脚前脚掌略向左撇后全脚掌着地，重心移至左脚，右脚上步呈右三体势步，与此同时，两上臂抬至肩高，两拳上架至胸前，两肘向后横击，带动右前臂竖起向右横击，拳心向里，护于右额前，左肘向后横击时屈起，前臂横于上臂前，左拳停在左肩前，拳心向下。

图 4-2-20

(二)熊形左势

熊形左势的动作方法(见图 4-2-21)是:

(1)接上势,重心移至左脚,右脚略收回,与此同时,两臂放松落下,两拳在腹前交叉(交叉点在腕部,左拳在前);

(2)右脚前脚掌略向右撇后全脚掌着地,重心移至右脚,左脚上步呈左三体势步,与此同时,两臂上抬至肩高,两拳上架至胸前,两肘向后横击,带动左前臂竖起向左横击,拳心向里,护于左额前,右肘向后横击时屈起,同时前臂与上臂平衡,右拳停在右肩前,拳心向下。

图 4-2-21

第三节 鹰熊合演

鹰熊合演包括起势、右鹰熊势、左鹰熊势、鹰熊转身和收势等。

一、起势

起势的动作方法(见图 4-3-1)是:
劈掌起势,动作要求与三体势相同,打出左劈掌。

图 4-3-1

二、右鹰熊势

右鹰熊势的动作方法(见图 4-3-2)是:
(1)接前势,左脚不动,右脚向前进一步,脚尖扣向左前方,左脚跟离地,重心偏于右腿,同时两掌变拳,右拳不动,左拳落下,左小臂外旋由腹前经胸前向上钻出,高与鼻平,顶头竖项,目视左前

方,呈左熊势;

（2）上动不停,左脚跟进,经右脚内踝不停,再向左前方进一步,右脚随之跟进,重心在两腿之间,同时右拳从腹前沿左小臂之上向前钻出,两拳相遇同时变掌,右掌向前按出,指端用力,高与腰齐,左掌收回置于右肘后,两掌心向下,身体略前倾,目视右掌,呈右鹰势。

图 4-3-2

三、左鹰熊势

左鹰熊势的动作方法(见图 4-3-3)是：

(1)接前势，右脚不动，左脚向前进一步，脚尖扣向右前方，右脚跟离地，重心偏于左腿，同时两掌变拳收回腹前，拳心向下，右拳不停再沿胸前上钻，高与鼻平，左拳置于腹前不动，目视右拳；

(2)上动不停，右脚跟进，经左脚内踝再向前进一步；左脚随之跟进，重心在两腿之间，同时左小臂外旋，左拳经胸前沿右小臂之上向前钻出，两拳相遇同时变掌，左掌向前按出，高与腰齐，右掌收回置于左肘后，两掌心向下，身体略前倾，目视左掌。

图 4-3-3

四、鹰熊转身

鹰熊转身的动作方法（见图 4-3-4）是：

（1）接前势，以左脚掌为轴，向右后方转身 180°，右脚随着转身扣于左脚前方，脚尖向左前方，左脚跟离地，重心偏于右腿，同时两掌收回腹前变拳，拳心向下，右拳不动，左拳不停随着转身经胸前拧裹上钻，高与鼻齐，拳心斜向内，目视左拳；

（2）上动不停，左脚跟进，经右脚内踝再向左前方进一步，右脚随之跟进，重心在两腿之间，同时右拳在左小臂之上向前钻出，两拳相遇同时变掌，右掌向前按出，指端着力，高与腰齐，左掌收回置于右肘后，目视右掌，呈右鹰势。

图 4-3-4

五、收势

收势的动作方法(见图 4-3-5)是:

(1)接转身后左鹰熊势,左脚向前进一步,打出左钻拳,右拳收回腹前,双拳变掌,再进右脚,左脚跟进打出右劈拳,目视前方;

(2)两手向上平举至顶平,再向胸前合扣落下,置于腹前变拳,同时右脚跟进与左脚并拢,身体徐徐站立,两拳变掌,自然垂于体侧,呈无极式还原。

XINGYIQUAN JIBEN JISHU

图 4—3—5

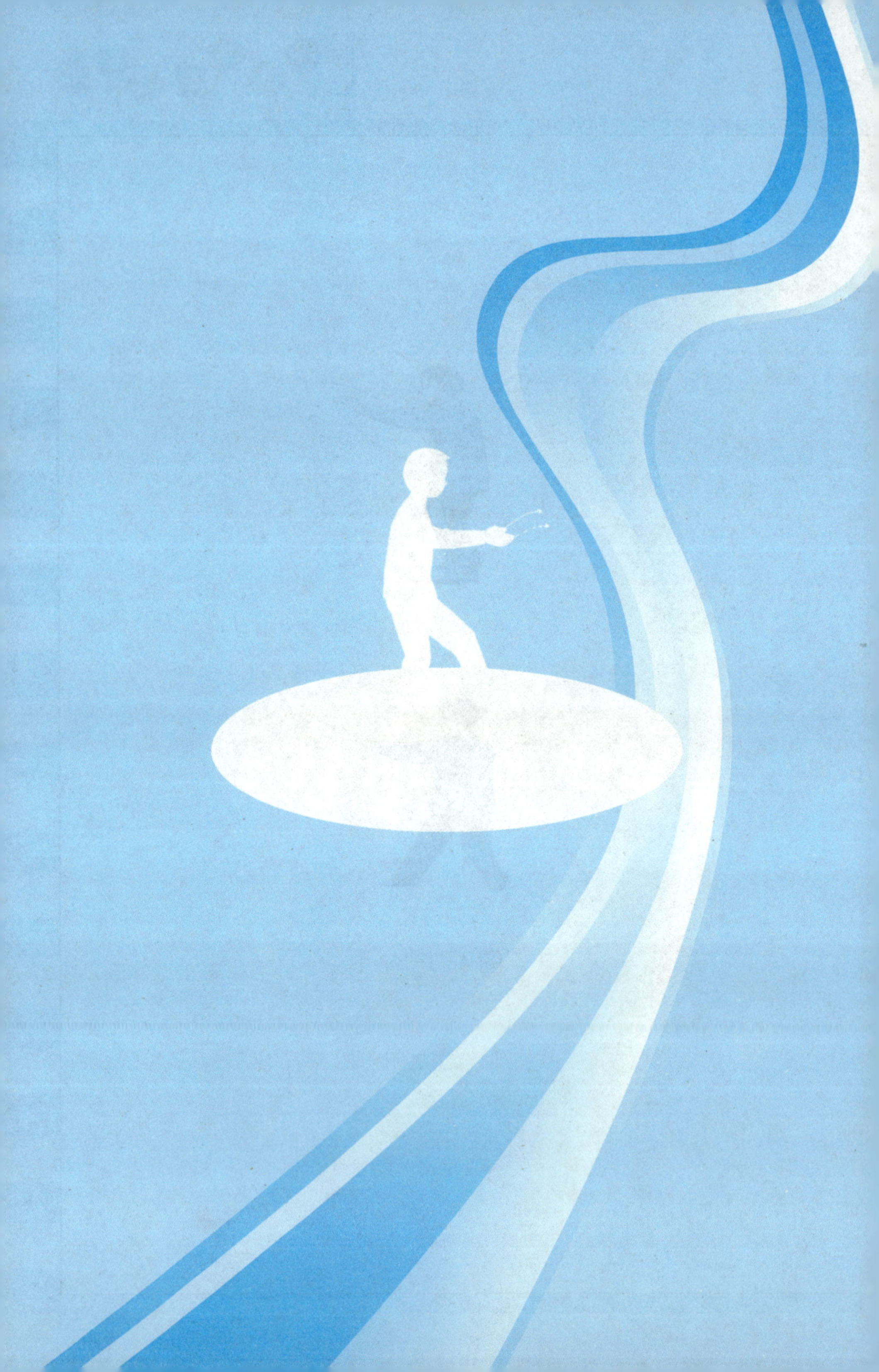

第五章 形意拳基础战术

随着技战术水平的提高、比赛经验的丰富，选手的战术意识会不断增强。所以在训练和比赛中,注意培养战术意识是十分必要的。基础战术包括对身高臂长者的战术,对短小精悍、善近打者的战术和对善用重拳者的战术等。

第一节 对身高臂长者的战术

身高臂长的人,进攻距离长,防御圈大,一般善使用长距离的直拳或摆拳,易攻击对方中上盘。这种战术对身体相对矮小的人会构成一定威胁,因此应采取相应的战术。

一、面隙而动

需要眼明手快、反应迅速、躲闪灵活,利用巧妙的身法躲闪对方的长手冲拳,在躲闪中寻找对方的空当,突然攻击对方。

二、抢攻下盘

对方发长手冲拳时,我方突然躲闪,使其来拳走空,可以突发踹、铲等腿法,攻击对方下盘,此时我方的腿长已超过对方臂长,而且以腿攻击隐蔽性好,容易奏效。

三、进身击打

对方拳从我方上盘击来时,我方突然潜伏进身,以下直拳、下勾拳猛击对方腹部、肋部,或提膝撞击对方裆部。

四、突袭反击

偶尔被对方击中一拳时，不能后退，应双臂护头，格挡进身，以各种腿法攻击对方下中盘，否则可能被对方连击。

第二节 对短小精悍、善近打者的战术

短小精悍者具有速度好、出拳疾、进身低的特点，格斗中易攻击对方中下盘，往往潜伏进身多，一旦进身，会用快速的重拳或肘、膝法攻击技术，其战术原则是靠近打，因此应采用相应的战术。

一、保持距离

格斗中用前进、后退的跳步，始终与对方保持一定距离，使之不易进身，而我方则可在远距离上用连续直拳和腿法攻击对方。

二、防止钻身

发快速直摆拳攻击对方，并防止对方突然钻进来打。

三、防下盘攻击

发快速直摆拳攻击对方时,应防止对方上盘躲闪的同时攻击我方下盘,所以在攻击对方时应做好下盘防守的准备。

四、多发快腿

发腿攻击对方下盘时,应以快速的弹腿、丁腿、寸腿等技法攻击,快打快攻,起腿不易过高,防止对方接腿。

五、阻挡进攻

对方一旦进身,必须保持冷静,用快速有力的斜上勾拳击打对方头部,迫敌后退。如对方起腿攻击时,双手应迅速向下截腿,同时起腿攻击对方支撑腿。

第三节 对善用重拳者的战术

善重拳者具有寻找战机多、制造进攻假象多、调整进攻距离多、变换进攻角度多、发后手拳次数少的特点,善于以最小的发拳次数,取得最佳的攻击效果,因此应采用相应的战术。

一、调整距离

前后运动调整距离,变换角度佯攻,摸清对方善用哪种拳法,哪只手较为常用。一般多用左拳佯攻迷惑对方,同时发右手重拳攻击。

二、抢角攻击

摸清对方实力,应不停地变换角度,使身体要害部位躲避其重拳攻击,而后抢位进攻对方。

三、抢拍进攻

一般说,重拳手反应较迟钝,当重拳击来,应用后仰躲闪的动

作,躲避对方攻击,抢时间差起腿攻击对方中下盘。

四、长拳远腿

对勾拳型的重拳手,应尽量少用近身短打的战术,多发长拳或长腿攻击对方。

五、防守反击

一旦身体部位暴露在对方攻击范围内,应在防守后进攻。对直摆拳型的对手,多用格挡防守;对勾拳型的对手,多用阻挡防守,防守同时起腿攻击对方下盘。

六、被动反击

一旦被对方击中后,应保持清醒,快速躲闪,以防对方连击。在向左右躲闪或向后撤步的同时,起腿攻击对方中下盘。

第六章 形意拳比赛规则

形意拳比赛是普及形意拳运动的一种很好的形式,它在长期的发展过程中已经形成了一套完整的比赛程序和裁判方法。

第一节 程序

形意拳比赛是单败淘汰赛,比赛程序包括参赛办法和比赛方法。

一、参赛办法

参加形意拳比赛的选手首先要进行报名,报名后要经过资格审查才能有机会参加比赛。

二、比赛方法

(1)上擂前,演示本拳种拳术、套路各1套;
(2)每场比赛净打3局,每局净打1分钟30秒,局间休息1分钟。

第二节 裁判

形意拳比赛中,裁判人员根据比赛规程的规定,执行比赛组织与评分工作。选手如果对评分标准了然于胸,就能在比赛中游刃有余、发挥自如。

一、裁判员

裁判人员包括:
(1)总裁判长1人,副总裁判长1~2人;
(2)记录员、示分员、计时员各1人;
(3)场上主裁判员1人,场上边裁判员1人。

二、评分

(一)拳击、掌击得分

以拳或掌明显击中对方有效部位并确定为有效击中(有明显响声和位移)得1分,击倒对方得2分。

(二)腿击得分

运用腿法明显击中对方有效部位得 1 分,击倒对方得 2 分。

(三)肩、胯、肘、膝击得分

使用肩、胯、肘、膝击中对方躯干有效部位得 1 分,击倒对方得 2 分。

(四)抱摔得分

(1)使用抱摔技巧将对方摔倒得 2 分,逼下擂台得 3 分;
(2)双方摔倒或下擂台,均不得分;
(3)一方自己倒地,对方得 1 分;
(4)主动使用倒地技术攻击对方时不失分。

(五)进攻得分

运用形意拳组合技法连续进攻,并明显击中对方有效部位得 1~3 分,击倒对方得 3 分。

(六)其他得分

(1)选手消极4秒,被裁判员警示进攻3秒内仍不进攻,对方得1分;

(2)在同一局比赛中,选手有意扯拉对方衣服2秒内并无攻击动作,应视为进攻消极,经裁判员警示后仍以此方法消极者,对方得1分。

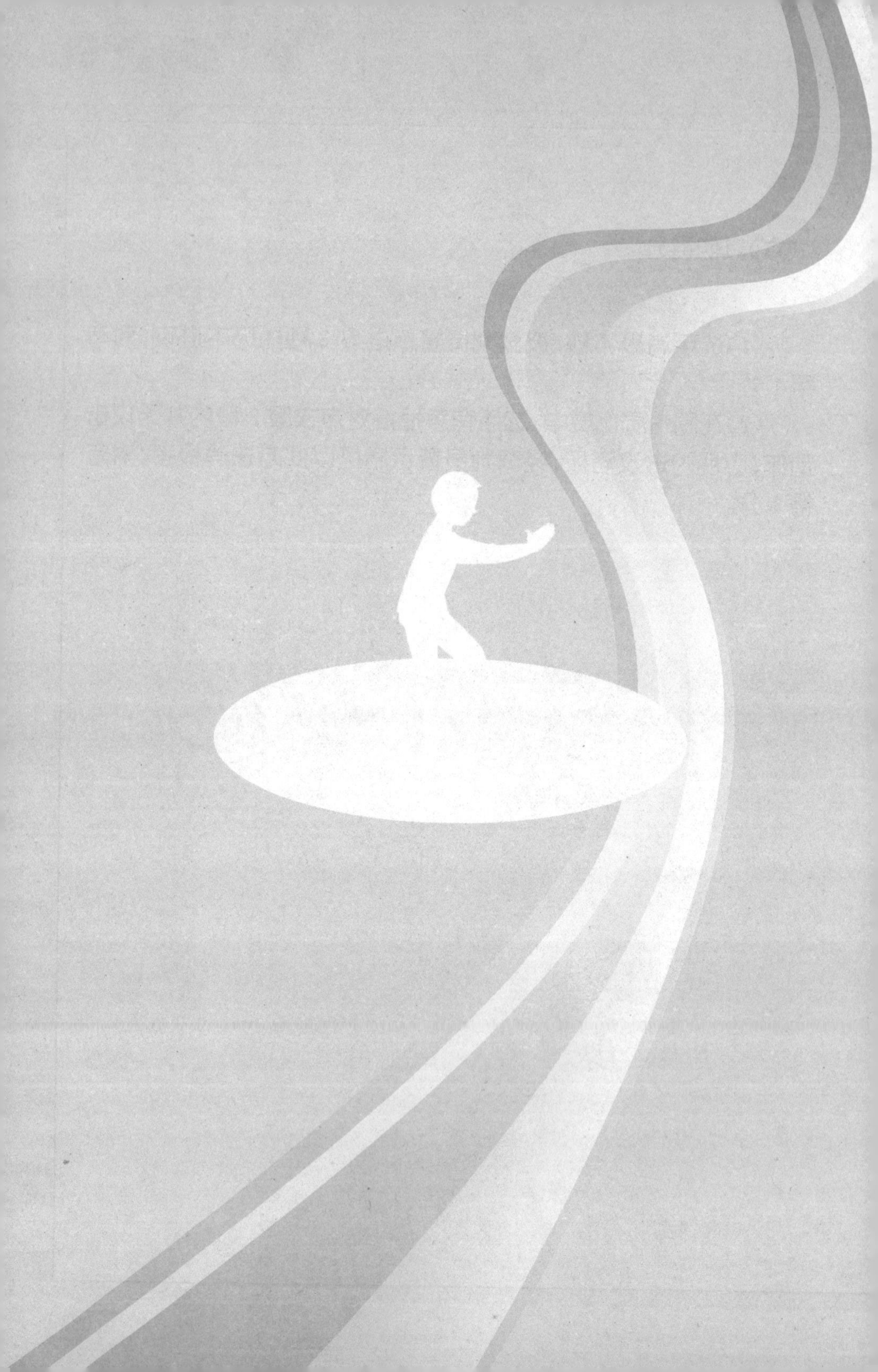

螳螂拳

第七章 螳螂拳概述

螳螂拳是一项长短兼备、刚柔相济、勇猛快速的拳术,它是在少林长拳攻防技术的基础上,吸取了螳螂的许多特点编制而成的。

第一节 起源与发展

螳螂拳的主要流派有七星螳螂拳、梅花螳螂拳、六合螳螂拳。不论何种流派的螳螂拳,都源自王郎。没有王郎,在繁花似锦的中国武坛上就不会有螳螂拳这一武林奇葩。

一、起源

螳螂拳起源于梁武帝时期,其始祖叫王郎,茅山丹士,字法明,山西太原人氏。

一日,王郎于树下休息,忽闻树上有蝉鸣,举目视之,见一蝉与一螳螂正在打斗,蝉虽六足却不能胜螳螂两臂,败于树下。王郎捉住螳螂将其带回,用草秸戏之,观察其运用前两臂劈、砍、刁、闪的搏斗技巧,创出了勾、搂、采、挂、崩、劈、刁、截等技法,朝夕演练,将螳螂捕蝉的功法悟成拳理。

二、发展

螳螂拳是我国著名的传统武术流派,在中国近代武术史上占有重要地位。

新中国成立后,国家对螳螂拳发展非常重视,多次进行挖掘和整理。20世纪30年代以后,螳螂拳发展更加迅速,各种各样的武术组织蓬勃兴起，为螳螂拳的发展和走向正规化奠定了组织基础。以民间武术组织形式向外扩张，显示了螳螂拳强劲的发展势头，极大地推动了螳螂拳的发展。目前，螳螂拳已正式被国家定为传统武术比赛表演项目。

第二节 特点与价值

螳螂拳属象形拳术，是模仿螳螂的动作、神态、搏击特点，结合武术的攻防技术而创编的别具风格、攻击性极强的拳术。

一、特点

螳螂拳就技术而言，便于传授、记忆和训练，以礼始以礼终。练习螳螂拳有助于形成良好的道德品质，还有助于中国武术的传播。

螳螂拳的技击特点是"出手点睛"，手手不离对方的脸。因为头脑是神经中枢，为全身之主宰，五官又是最脆弱的地方，一经受到伤害必败无疑。出手奔头部，能给对方精神上造成最大威胁，对方不是躲避就是挡架。对方躲闪，我方仍打；对方招架，就更落入了陷阱。于是，螳螂拳的手法，即勾、搂、采、挂、劈、截、崩、砸等便一发不可收拾，双手交替，虚实互易，一臂自为长短，一势接一势，一手接一手，如暴风骤雨，勇往直前，千变万化，出奇制胜，一打到底，对方岂能不败！

二、价值

螳螂拳在中国流传了千余年,到今天仍没有被历史淘汰,可见对身体和社会有着积极作用。

(一)自卫防身,强身健体

螳螂拳以套路运动为主,同时兼具功法和格斗运动形式,其动作均具攻防属性。螳螂拳的技击性和对抗性充分发挥了人体各部位的功能作用,因此,灵活运用螳螂拳的攻防技术可以起到自卫防身作用。

中国人历来重视运动,重视生命,注重养生之道。在发展的过程中,螳螂拳不断与中国养生导引之术相互影响、相互渗透,更增强了它的健身价值。

(二)教育价值

学习螳螂拳对人们还有一种武德的教育作用。在学习武术时注重武德,可以增强社会责任感,为自我修养的提高、维护社会的正常秩序起到积极的作用。

(三)观赏价值

螳螂拳可供观赏,以丰富人们的文化生活。螳螂拳既是身体活动,具有人体运动的一般审美价值,又是一种武技,能表现人们在攻防技击时的技巧和能力,所以具有一种技击性的神秘色彩和审美价值。

螳螂拳既有单练又有对练,既有套路训练又有对抗性练习,使它可以满足人们的不同欣赏需求。螳螂拳在其发展过程中进一步得到加工、改造、提高,因而它又具有一定的艺术性。螳螂拳在中国有广泛的群众基础,存在于民间,所以在民间各种喜庆集会活动中常有螳螂拳表演,这就使螳螂拳对丰富人们的文化生活具有了更重要的作用。

第八章 螳螂拳场地和装备

练习螳螂拳场地和装备是必备的条件，良好的场地和装备可以避免运动损伤的发生，使练习者修养身心。

第一节 场地

螳螂拳的场地,不仅是学习技能的场所,更是培养武德的地方。

一、规格

(1)螳螂拳比赛在长 14 米、宽 8 米的地毯上进行;
(2)在场地的两长边中间各做 1 条长 30 厘米、宽 5 厘米的中线标记,用来区别左右半场。

二、要求

地毯四周内沿应标明 5 厘米宽的白线,以提醒选手注意场地范围。

第二节 装备

在练习螳螂拳或比赛时,一般穿着传统中式武术服装。

一、服装

(一)款式(见图8-2-1)

(1)女子为中式半开小褂(长袖或短袖自定),5对中式直襻,男子为中式对襟小褂(长袖或短袖自定),7对中式直襻;
(2)灯笼袖,袖口处加两对中式直襻;
(3)中式裤、西式腰,立裆要适宜。

图8-2-1

(二)材质

服装舒适即可,布料可自由选择,但一般有以下原则:
(1)如果拳风扎实、沉着,步法稳健,选用平绒面料效果比较好;
(2)如果拳风柔美、潇洒,犹如飞凤,应选择双绉或绸缎的面料为好。

二、鞋

鞋一般用软胶底,要便于蹬地和发力,而且防滑。

第九章 螳螂拳基本技术

螳螂拳是一项技击性较强、实用性较高的运动项目。掌握螳螂拳的基本动作、基础练习、套路练习和练习要点，对于练好螳螂拳是非常重要的。

第一节 基本动作

螳螂拳的基本动作包括基本手形、基本步形和基本手法等,是练习螳螂拳的基础。

一、基本手形

基本手形包括拳、掌和勾等。

(一)拳

拳的动作方法(见图 9-1-1)是:

四指并拢卷握,拇指紧扣食指和中指的第二指节,拳握紧,拳面平,直腕。

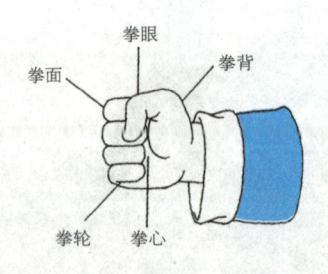

图 9-1-1

(二)掌

掌的动作方法(见图9-1-2)是:
四指并拢自然伸直,拇指弯曲紧扣于虎口处,屈腕,手似荷叶状。

图 9-1-2

(三)勾

勾的动作方法(见图9-1-3)是:
五指第一指节捏拢在一起,屈腕。

勾顶

勾尖

图 9-1-3

二、基本步形

基本步形包括弓步、马步、仆步、虚步和半马步等。

(一)弓步

弓步的动作方法(见图 9-1-4)是:

(1)右脚向前一大步,为本人脚长的 4~5 倍,脚尖略内扣,右腿屈膝半蹲,大腿接近水平,膝与脚尖垂直,左腿挺膝伸直,脚尖内扣斜向前方,两脚全脚掌着地;

(2)上体正对前方,向前平视,两手抱拳于腰间,拳心向上;

(3)弓右腿为右弓步,弓左腿为左弓步。

图 9-1-4

(二)马步

马步的动作方法(见图 9-1-5)是:
(1)两脚平行开立,约为本人脚长的 3 倍,脚尖正对前方;
(2)屈膝半蹲,膝部不超过脚尖,大腿接近水平,全脚掌着地,身体重心落于两腿之间;
(3)两手抱拳于腰间,拳心向上。

图 9-1-5

(三)仆步

仆步的动作方法(见图 9-1-6)是:

(1)两脚左右开立,右腿屈膝全蹲,大腿和小腿靠紧,臀部接近小腿,右脚全脚掌着地,脚尖和膝关节外展,左腿挺直平仆,脚尖里扣,全脚掌着地,两手抱拳于腰间,拳心向上,向左平视;

(2)仆左腿为左仆步,仆右腿为右仆步。

图 9-1-6

(四)虚步

虚步的动作方法(见图 9-1-7)是:

(1)两脚前后开立,右脚外展 45°,屈膝半蹲,左脚脚跟离地,脚面绷平,脚尖略内扣,虚点地面,膝略屈,重心落在后脚上;

(2)左脚在前为左虚步,右脚在前为右虚步。

图 9-1-7

(五)半马步

半马步的动作方法(见图 9-1-8)是：

前腿屈膝,脚尖略内扣,后腿半蹲,大腿略高于水平,脚尖外展,两脚距离同马步,重心偏于后腿。

图 9-1-8

三、基本手法

螳螂拳的手法很多,又千变万化,基本手法包括三捶、磨盘手和螳螂勾手等。

(一)三捶

三捶的动作方法(见图 9-1-9)是:

(1)右脚前进一步,五趾抓地,膝略屈,后腿屈膝,脚向下蹬,呈重心前四后六的四六步,同时右手握成锥拳,拳心向下,向胸前打出,高与肩平,左拳拳心向上停于腰际,目视前方;

(2)双脚不动,左臂内旋,当翻成拳心向下时握成锥拳,贴右臂之上向前打出,高与肩平,右拳抽回停于腰际,目视前方;

(3)上右脚,左脚跟进,仍呈四六步,同时右臂内旋,当翻成拳心向下时握成锥拳,贴左臂之上向胸前打出,高与肩平,左拳拳心向上抽回停于腰际,目视前方;

(4)左脚前进一步,五趾抓地,膝略屈,后腿屈膝,脚向下蹬,呈重心前四后六的四六步,同时左臂内旋,当翻成拳心向下时握成锥拳,贴右臂之上向胸前打出,高与肩平,右拳拳心向上抽回腰际,目视前方;

(5)双脚不动,右臂内旋,当翻成拳心向下时握成锥拳,贴左臂之上向胸前打出,高与肩平,左拳拳心向上抽回腰际,目视前方;

(6)上左脚,右脚跟进,仍呈四六步,同时左臂内旋,当翻成拳心向下时握成锥拳,贴右臂之上向胸前打出,高与肩平,右拳拳心

向上抽回腰际,目视前方;

（7）可右转180°回身练习,也可以继续向前练习,当左脚右拳在前时回身,回身时,左脚尖里扣,向右转体180°上右脚,同时右拳拳心向下握成锥拳,向胸前打出,高与肩平,依次前进练习,再向右转体180°回身,并步呈立正姿势（收势）。

图9-1-9

(二)磨盘手

磨盘手的动作方法(见图9-1-10)是:

(1)从立正姿势开始,右脚前进一步,脚尖外展呈45°,同时右手手指向上,手心向前,自面前弧线落于胸前,抓下后自然握成半拳,名"采手",目视前方;

(2)上左脚,呈重心前四后六的四六步,同时左手握拳,拳心向上,屈肘横臂,在右前臂上向右拳拧臂滚动,滚压而下,双拳停于胸前,名"捆手",目视前方;

(3)重心前移呈左弓步,同时右臂内旋,当翻成拳心向下时,握成锥拳向胸前打出,高与肩平,左拳拳心向上抽回腰际,目视前方;

(4)左脚前进一步,脚尖外展呈45°,同时左手手指向上,手心向前,向面前弧线擒拿于腹前,抓下后自然握成半拳,目视前方;

(5)上右脚,呈重心前四后六的四六步,同时右手握拳,拳心向上,屈肘横臂,在左前臂上向左拳前滚压而下,双拳停于胸前,目视前方;

(6)重心前移呈右弓步或四六步,同时左臂内旋,当翻成拳心向下时,握成锥拳向胸前打出,高与肩平,右拳拳心向上抽回腰际,目视前方;

(7)可右转180°回身练习,也可以继续前进练习,当左脚、右拳在前时回身,回身时,左脚尖里扣,向右转体180°上右脚,同时右手在面前采抓而下,继续前进练习,当左脚、右拳在前时,回身并步,呈立正姿势(收势)。

TANGLANGQUAN JIBEN JISHU

图 9-1-10

(三)螳螂勾手

螳螂勾手的动作方法(见图9-1-11)是:

(1)从立正姿势开始,上右脚呈四六步,同时右手五指向上,手心向内,经胸部向面前钻起,目视右手动作;

(2)当右手钻起到头的前上方时,前臂内旋,当拧成小指外沿向前时,先小指,再无名指、中指依次弯曲勾屈而下,目视右手动作;

(3)当右手勾屈而下时,上右脚,跟左脚,仍呈四六步,同时左手五指向上,手心向内,经胸部向面前钻起,目视左手动作;

(4)当左手钻起到头的前上方时,前臂内旋,当拧成小指外沿向前时,先小指,再无名指、中指依次弯曲勾屈而下,目视左手动作;

(5)可继续向前连续练习,也可以右转回身练习,练习次数由自己决定。

图 9-1-11

第二节 基础练习

螳螂拳基础练习可以使复杂动作和套路的学习变得容易,达到事半功倍的效果。通过练习螳螂拳基本功,能增强练习者各关节韧带的柔韧性和灵活性,提高肌肉的弹性和控制能力,从而减少和防止练习时伤害事故的发生。

一、预备姿势

预备姿势的动作方法(见图 9-2-1)是:
并步站立,两臂下垂于身体两侧,目视前方。

图 9-2-1

二、虚步双勾手

虚步双勾手的动作方法（见图 9-2-2）是：

（1）左脚尖外展，身体左转 90°，右脚后撤一步呈左弓步，同时两臂屈肘在胸前交叉，右臂在上，两掌心均向下，目视右掌；

（2）上动不停，右掌向上、向右、向下绕环至左肘下，右臂屈肘，掌心向下，同时左掌向下、向左、向上绕环至胸前，左臂伸直，掌心向下，目视左掌；

（3）上动不停，重心后移，右腿屈膝半蹲，左脚后移半步，以脚尖点地呈左虚步，同时两掌变勾手，向下、向后搂手，右勾手停至左肘内侧，勾尖均朝下，目视左勾手。

图 9-2-2

三、上步右格肘

上步右格肘的动作方法(见图9-2-3)是：

(1)左脚向前移步，脚尖外展，右脚随即上步，呈翘脚步；

(2)左脚移步时，左勾手变掌在体前采手，右脚上步时，左掌握拳收至左腰侧，拳心向上；

(3)右勾手变拳落经右腰侧向右、向前格肘，拳心向内，目视右臂。

图9-2-3

四、戳脚步右崩拳

戳脚步右崩拳的动作方法(见图9-2-4)是:

(1)右臂内旋,右拳向左、向下扣压,身体随之略向左拧转,目视右方;

(2)身体略向右转,左脚蹬地使右脚向前跨步,左脚随之跟进半步呈戳脚步,同时右拳向内、向上、向前上方崩出,拳心斜向上,高与鼻平;

(3)左拳变掌,由腰侧向上、向前按落于右肘下,掌心向下,目视右拳。

图9-2-4

五、戳脚步双采手

戳脚步双采手的动作方法（见图 9-2-5）是：

（1）身体直立，左脚踏实，同时右拳变掌，右臂内旋，使右掌心翻转向外，左掌心转向上；

（2）左脚蹬地使右脚向右前方跨步，左脚随之跟进半步呈左戳脚步，同时右掌变勾手，向前、向右搬搂置于右额前，勾尖斜向下；

（3）左掌变勾回收于右胸前，勾尖斜向上，目视右勾手。

图 9-2-5

六、立身双采手

立身双采手的动作方法(见图9-2-6)是：

(1)身体直立并左转,同时两勾手变掌,左掌向下、向左至左腹前,掌心向下,右掌向下、向左、向前摆至胸前,掌心向下,目视右掌；

(2)身体右转,左脚随之向左前方上步,同时右掌向右、向后、向左划弧采手于胸前,掌心向下,左掌向上、向左、向前划弧采手至右掌前,掌心向下,目视左掌；

(3)身体略向左拧转,同时右掌经左前臂上向左前方穿抹,左掌略回收,目视右掌。

图9-2-6

七、进步左挑拳

进步左挑拳的动作方法（见图9-2-7）是：

右脚进半步，左脚随即向前上步呈左弓步，同时左掌变拳向上挑打，高与口平，拳心向内，右掌扶于左前臂内侧，目视左拳。

图 9-2-7

八、提膝左冲拳

提膝左冲拳的动作方法（见图9-2-8）是：

（1）右脚向前跟步，上体略左转，同时右掌沿左前臂向前横掌推出，掌心向下，掌指向左，左拳收于左腰侧，拳心向上，目视右掌；

（2）右腿直立站稳，左腿屈膝提起，同时左拳向前冲出，高与肩平，拳眼斜朝下，右掌收至左肩前，掌指向上，目视左拳。

图 9-2-8

九、弓步右劈拳

弓步右劈拳的动作方法(见图 9-2-9)是：

(1)左脚向前落步,同时左拳变掌,向内经上向前慢落；

(2)右脚随即向前上步呈右弓步,同时右掌变拳下落后向上、向前劈打,高与肩平,拳眼朝上；

(3)左掌顺势扶于右前臂内侧,目视右拳。

图 9-2-9

十、虚步双勾手

虚步双勾手的动作方法（见图 9-2-10）是：

（1）身体左后转 180°，同时右拳变掌，两臂屈肘在体前交叉，左臂在上，两掌心均向下，目视左掌；

（2）动作同二之（2），唯方向相反；

（3）动作同二之（3），唯方向相反。

图 9-2-10

十一、收势

收势的动作方法（见图 9-2-11）是：

身体直立，右脚向后撤步，身体左转 90° 呈并步，两手下垂于身体两侧，目视前方。

图 9-2-11

第三节 套路练习

套路练习是指有起势和收势的攻防技法。螳螂拳的套路动作在练习方法上十分重视打练结合与内外兼修，在强身健体的同时掌握自卫防身的技术，提高攻防格斗的能力。整个套路要求自然呼吸，气沉丹田，有一泻千里之势。

一、起势

起势的动作方法（见图 9-3-1）是：
(1) 头正颈直，嘴略闭，舌抵上腭，立正姿势；
(2) 双臂自然下垂于身体两侧，提肛溜臀；
(3) 自然呼吸，气沉丹田，精神集中，目视前方。

图 9-3-1

二、磨盘手

磨盘手的动作方法（见图 9-3-2）是：

（1）右脚前进一步，脚尖外展 45°，同时右手手指向上，手心向内，贴胸部向上穿起，随之内旋，当拧成小指外沿向前时，在面前弧线抓下，目视右手动作；

（2）上左脚，同时左手握拳，横前臂，在右臂上向下滚压右臂，拳心向上，停于胸前，目视前方；

（3）重心前移呈左弓步，右拳拳心向下呈锥拳，从左前臂向胸前打出，高与肩平，要打出暗刚之力；

（4）以上动作要一气呵成，目视前方。

图 9-3-2

三、左撑抹手

左撑抹手的动作方法(见图 9-3-3)是:
(1)左脚前进一步,右脚跟进,重心前移,仍呈左弓步,同时左手手指向上,手心向前,自右臂下向胸前推出;
(2)要松肩沉肘推出,向上打出撑撞之力,名曰"撑抹",目视前方。

图 9-3-3

四、左斧刃脚

左斧刃脚的动作方法(见图9-3-4)是：

(1)左脚前进一步,左手手心向上,右手手心向下,在腹前握拳,仿佛抓住对方手臂向回捋带一样;

(2)右脚脚心向前,脚尖后勾,自下向上横踹而出,力在脚心,高不过膝,踹击对方迎面骨,要快速有力,目视前方。

图9-3-4

五、右翻车手

右翻车手的动作方法(见图9-3-5)是：

(1)右脚速回落下,膝部弯曲,呈四六步,双手的姿势不变,目视前方；

(2)左脚前进一小步,同时左手握拳,拳心向内,在胸前伸起,边起边内旋,当前臂拧成拳心向右时,向面前呈弧线劈砍而下,目视前方；

(3)随之上右脚,与左脚屈膝并步,同时右手握拳,拳心向左,自左前臂后向面前呈弧线劈砍而下,目视前方；

(4)右脚前进一小步呈四六步,同时右手握拳,拳心向内,在前胸伸起,边起边内旋,当拧成拳心向左时,向面前呈弧线劈砍而下,目视前方；

(5)上左脚,与右脚屈膝并步,同时左手握拳,自右前臂后向面前呈弧线劈砍而下,目视前方；

(6)以上动作要一气呵成,圆活紧凑,不许有丝毫停滞,劈砍时要沉肩坠肘,力往下沉,砍出全身之力。

图9-3-5

六、接手圈

接手圈的动作方法（见图9-3-6）是：

（1）向左转体45°，上左脚，同时左手手心向下，向身左抓下，右手握拳，垂于右腿后侧，目视前方；

（2）右脚向身后撤一大步，同时右手握拳，拳心向下、向面前弧线抡臂圈打，"啪"一声，右手拍在左手心内，圈打时要随抡臂圈打的惯性发出浑身之力，目视前方。

图9-3-6

七、右脱勾手

右脱勾手的动作方法（见图9-3-7）是：

（1）向右转体45°，右脚前进一步，左腿弯曲跟进呈四六步，同

时右臂外旋,当翻成拳心向上时在胸前向外拨挂压落,目视前方;

(2)双脚不变,仍呈四六步,同时左手握成锥拳,拳心向下,在右臂上向胸前打出,高与肩平,目视前方;

(3)右脚再前进一步,左脚跟进仍呈四六步,同时右臂内旋,当翻成拳心向下时呈锥拳,贴左臂上向胸前打出,要松肩沉肘打出暗刚之力,左手拳心向上抽回腰际;

(4)以上动作紧凑连贯,一气呵成,目视前方。

图 9-3-7

八、右扫边手

右扫边手的动作方法(见图 9-3-8)是:

(1)右脚前进一步,同时右拳变掌,一边翻成手心向上,一边向腰际收回,当收至腰前时,翻成手心向下,用小指外沿向面前弧线

平扫,目视前方;

(2)左腿弯曲跟进,仍呈四六步,同时左手内旋,当翻成手心向下时,向面前用小指外沿弧线平扫,右手收回贴在腰际,目视前方;

(3)左手一边翻成手心向上,一边收回腰际,右脚前进一步,左手内旋,一边翻成手心向下,一边用小指外沿向面前弧线平扫,目视前方;

(4)左腿弯曲跟进,仍呈四六步,同时右手内旋,当翻成手心向下时,用小指外沿向面前弧线平扫,左手收回,贴至腰际,目视前方;

(5)平扫时要松肩沉肘,要先扫其面再横开其手,故名"扫边手";

(6)以上动作要灵活、协调、圆顺,一气呵成。

图 9-3-8

九、右勾搂捶

右勾搂捶的动作方法(见图9-3-9)是：

(1)右膝提起，同时右手手心向内，手指向上，贴胸前向上钻起，当钻到头部前上方时前臂内旋，拧成小指外沿向前时屈腕，先小指，再无名指、中指，依次弯曲向面前弧线抓下，名曰"勾手"，目视前方；

(2)左手手心向下，五指弯曲，当右手向下勾抓时，自右前臂向面前呈弧线按下，名曰"搂手"，目视前方；

(3)向前落右脚呈四六步，右手握成锥拳，拳心向下，松肩沉肘向胸前打出，高与肩平，打出暗刚之力；

(4)以上动作要一气呵成，目视前方。

图9-3-9

十、右撑抹手

右撑抹手的动作方法(见图9-3-10)是：

(1)右脚脚尖里扣,向左转体180°回身,同时右手手心向上,手指向前,自身后向胸前托出,目视前方;

(2)左脚前进一步,蹬右脚,重心前移呈左弓步,同时左手手指向上,手心向前,自右臂下向胸前撑撞推出,右手手心向下,按于腹部,目视前方,要推出向上的撑撞之力。

图9-3-10

十一、右斧刃脚

右斧刃脚的动作方法(见图9-3-11)是：

(1)右脚前进一步,右手手心向上,左手手心向下,在腹前握拳,仿佛抓住对方手臂向回捋带一样;

（2）左脚脚心向前，脚尖后勾，自下向上横踹而出，力在脚心，高不过膝，踹击对方迎面骨，要快速有力，目视前方。

图 9-3-11

十二、左翻车手

左翻车手的动作方法（见图 9-3-12）是：

（1）左脚速回落下，膝部弯曲，呈四六步，双手姿势不变，目视前方；

（2）右脚前进一小步，同时右手握拳，拳心向内，在胸前伸起，边起边内旋，当前臂拧成拳心向左时向面前呈弧线劈砍而下，目视前方；

（3）上左脚，与右脚屈膝并步，同时左手握拳，拳心向右，自右前臂后向面前呈弧线劈砍而下，目视前方；

（4）左脚前进一小步呈四六步，同时左手握拳，拳心向内，在前

胸伸起,边起边内旋,当拧成拳心向右时向面前呈弧线劈砍而下,目视前方;

(5)上右脚,与左脚屈膝并步,同时右手握拳,自左前臂后向面前呈弧线劈砍而下,目视前方;

(6)以上动作要一气呵成,圆活紧凑,不许有丝毫停滞,劈砍时要沉肩坠肘,力往下沉,砍出全身之力。

图 9-3-12

十三、底漏圈

底漏圈的动作方法(见图 9-3-13)是:

(1)向右转体 45°,上右脚,同时右手手心向下,向身右抓下,左手握拳,垂于左腿后侧,目视前方;

（2）左脚向身后撤一大步，同时左手握拳，拳心向下、向面前弧线抡臂圈打，"啪"的一声，左手拍在右手心内，圈打时要随抡臂圈打的惯性发出浑身之力，目视前方。

图 9-3-13

十四、左脱勾手

左脱勾手的动作方法（见图 9-3-14）是：

（1）向左转体 45°，左脚前进一步，右腿弯曲跟进呈四六步，同时左臂外旋，当翻成拳心向上时，在胸前向外拨挂压落，目视前方；

（2）双脚不变，仍呈四六步，同时右手握成锥拳，拳心向下，在左臂上向胸前打出，高与肩平，目视前方；

（3）左脚再前进一步，右脚跟进仍呈四六步，同时左臂内旋，当翻成拳心向下时呈锥拳，贴右臂上面向胸前打出，右手拳心向上抽回腰际，要松肩沉肘打出暗刚之力；

（4）以上动作应紧凑连贯，一气呵成，目视前方。

图 9-3-14

十五、左扫边手

左扫边手的动作方法（见图 9-3-15）是：

（1）左脚前进一步，同时左拳变掌，一边翻成手心向上，一边向腰际收回，当收至腰前时，翻成手心向下，用小指外沿向面前弧线平扫，目视前方；

（2）右腿弯曲跟进，仍呈四六步，同时右手内旋，当翻成手心向下时，向面前用小指外沿弧线平扫，左手收回贴在腰际，目视前方；

（3）右手一边翻成手心向上，一边收回腰际，左脚前进一步，右手内旋，一边翻成手心向下，一边用小指外沿向面前弧线平扫，目视前方；

(4)右腿弯曲跟进,仍呈四六步,同时左手内旋,当翻成手心向下时,用小指外沿向面前弧线平扫,右手收回,贴至腰际,目视前方,平扫时要松肩沉肘,先扫其面再横开其手,故名"扫边手";

(5)以上动作要灵活、协调、圆顺,一气呵成。

图 9-3-15

十六、左勾搂捶

左勾搂捶的动作方法(见图 9-3-16)是:

(1)左膝提起,同时左手手心向内,手指向上,贴胸部前向上钻起,当钻到头部前上方时前臂内旋,拧成小指外沿向前时屈腕,先小指,再无名指、中指,依次弯曲向面前弧线抓下,名曰"勾手",目视前方;

(2)右手手心向下,五指弯曲,当左手向下勾抓时,自左前臂向面前呈弧线按下,名曰"搂手",目视前方;

（3）向前落左脚呈四六步，左手握成锥拳，拳心向下，松肩沉肘向胸前打出，高与肩平，打出暗刚之力；

（4）以上动作要一气呵成，目视前方。

图 9-3-16

十七、大封手

大封手的动作方法（见图 9-3-17）是：

（1）向左转体 180°，上左脚呈四六步，同时左手手指向上，小指外沿向前，自右臂外同右手手心相对，一同向身前弧线抡劈而下，劈下后双手半握拳；

（2）目视前方，要封劈出全身之力。

图 9-3-17

十八、捆封手

捆封手的动作方法（见图 9-3-18）是：

（1）上左脚，同时左手手心向前，手指向上，贴胸部向上穿起，当穿至头部前上方时，前臂内旋，拧成小指外沿向前时，先小指再无名指、中指，依次弯曲弧线抓下，目视前方；

（2）以右脚为轴拧动双脚，坐身呈歇步，同时右手握拳，横前臂，在左前臂上向左手腕关节滚动压下，双拳拳心向上，停于胸前，目视前方，名曰"捆手"；

（3）上右脚，左腿弯曲跟进，呈四六步，同时双手手心相对，小指外沿向前，右手在前，自左前臂外侧同左手一起向身前弧线抡劈

而下,名曰"封手",一封到底,封出浑身之力,名曰"捆封手";
(4)以上动作,一气呵成,目视前方。

图 9-3-18

十九、连环踩踹

连环踩踹的动作方法(见图 9-3-19)是:
(1)双手半握拳,拳心相对,右拳在前,左拳在后,停于腹前,仿佛双手抓着对方手臂,右脚前进一步,左脚提起,脚尖后勾,脚心向前连踩带踹,高不过膝,目视前方;
(2)左脚前落,右脚提起,脚尖后勾,脚心向前下方连踩带踹,高不过膝,目视前方。

图 9-3-19

二十、投截手

投截手的动作方法（见图 9-3-20）是：

（1）右脚落下，向左转体 180°，呈半马步，同时右手手指向下，在右腿外侧砍下，目视前方；

（2）向下坐身呈马步，同时右手握拳，拳心向内，自下而上钻起，"啪"地一声，左手手心拍在右臂内侧，右手钻出之拳高过头部，又名"掳穿"，钻出时用锥拳要疾速，冷脆有力，目视前方。

图 9-3-20

二十一、收势

收势的动作方法(见图9-3-21)是：
收左脚呈立正姿势，气沉丹田，精神集中，目视前方。

图 9-3-21

第四节 练习要点

学习螳螂拳要注意掌握练习要点，包括顺劲增力、掌握动作要领、突出风格特点和了解技击法则等。

一、顺劲增力

顺劲指顺应螳螂拳劲力的要求与变化。学习套路之前，一定要进行基本动作练习，即便学过武术的人，也要顺其劲、增其力，或称

"换劲"，去掉僵劲硬力。一般从"转腕""挑勾"开始，进行腕、肩关节练习及步桩功练习，逐步掌握基本功和基本动作，遵循螳螂拳的技法要求，顺劲增力，稳步提高。

二、掌握动作要领

(一)头正颈顶

头正，精神才能全神贯注；颈顶要适度，似有若无，以提高头部转动的灵活性。

(二)松肩垂肘

肩关节放松，肘关节保持下垂。一可增加手臂的灵活性；二可使肩臂松活，柔韧有余，富有弹性和蓄劲；三可利于沉气。

(三)含胸拔背

在含胸的时候必须挺拔背部，它们是相辅相成的。

(四)活腰收腹

腰部松活，利于气入丹田，但收腹不宜过大。

(五)扣膝活步

螳螂拳多数步形需要扣膝,但扣的时候不要太紧,应略屈,保持充分的蓄势。

三、突出风格特点

螳螂拳强调象形取意,是由重艺不重形的法则决定的。因此,不要过分追求模仿逼真的形象,只求花哨,不求功用,而应突出螳螂拳的风格特点,要做到刚而不僵、柔而不软、脆而不弱、快而不乱。

四、了解技击法则

螳螂拳是一项技击性较强、实用性较高的运动项目。在学习中,对一些技击方法显见的动作要做到知其然,知其所以然,既要学会动作,又要尽可能掌握其技击方法,学以致用,达到体用兼备的效果。

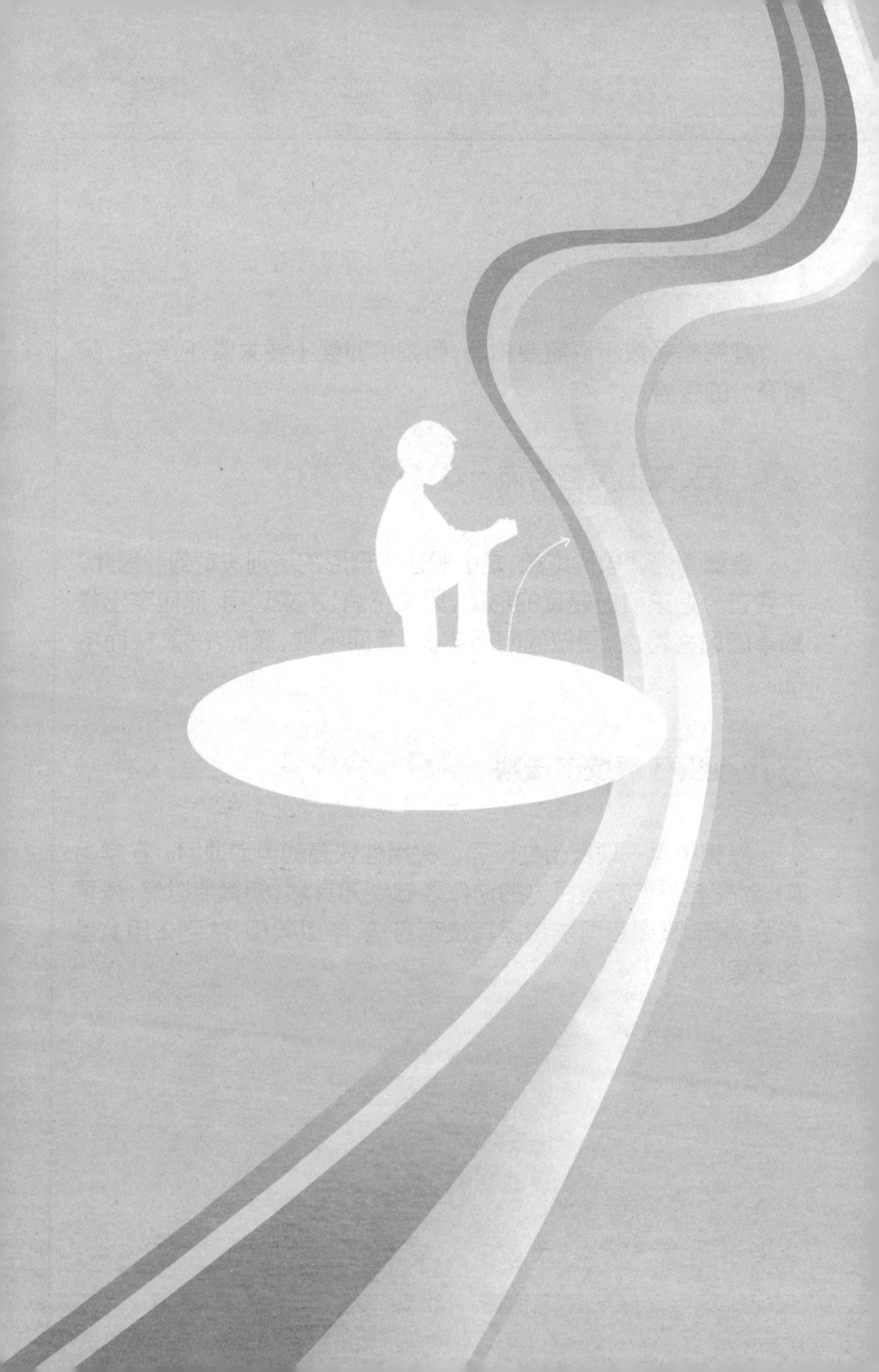

第十章 螳螂拳基础战术

随着技战术水平的提高、比赛经验的丰富，选手的战术意识也会不断增强，所以在训练和比赛中，注意培养战术意识是十分必要的。基础战术包括技术战术、边角战术、心理战术和应敌战术等。

第一节 技术战术

技术战术指发挥我方的优势技术,控制场上的主动权,抑制对方的进攻,从而取得比赛的胜利。运用技术战术应具备以下条件:

(1)我方的技术必须全面、熟练、有效;

(2)训练或比赛时要头脑冷静。

第二节 边角战术

边角战术指利用训练或比赛中对方退到边界线边缘,怕越出边界线而被警告的不利心理,进行攻击的战术。实施边角战术应注意以下问题:

(1)比赛中对方因有怕越出边界线的心理因素,在临近边角时技术容易出现漏洞,此时抓住机会连续进攻,成功率较高;

(2)使用边角战术时,我方要较好地把握距离感和空间感,以免因用力过猛或上了对方的圈套,反而使自己越出边界线。

第三节 心理战术

心理战术指通过一些特定的方式和措施,给对方造成心理上的压力,从而取得比赛胜利的方法。心理战术形式多样,主要有以下三点:

（1）比赛开始前利用表情、动作威慑对方；
（2）激怒对方或松懈对方的斗志；
（3）赛前隐瞒实力或夸大自身实力,给对方造成心理压力等。

第四节 应敌战术

应敌战术应该灵活多样,根据情势变化而变化,主要有三种打法。

一、防守反击

在比赛中先以防守为主,等找到对方漏洞后可在对方进攻的过程中进行反击。

当遇到性情急躁、缺乏比赛经验、喜欢猛冲猛打的对手时,可以多运用防守反击的战术。以适当的主动进攻掩盖自己反击战术的意图,同时刺激对方,使其更加急躁,为反击战术创造更多的战机。反击的主要技术有随、顺、跟、截等技法。

二、先攻后守

比赛时如进攻取得成功,就要以防守为主,迫使对方急躁,乘机得分。

在赛场上如发现对方漫不经心时,要突然发起进攻,出其不

意,攻其不备,打他个措手不及,达到突然袭击的目的。成功后就要与对方周旋,防守不进攻,由于比赛时间关系对方会急躁,急着想拿回失去的分,这时自己防守不攻,既可以消耗对方的体力,又能发现对方更多的破绽,等发现对方很明显的空隙时,也可以顺势制敌,这时多采用的技术是闪、空、带、引等。

三、圈线方法

圈线方法是利用比赛规则和圈线等客观条件,采用相应的方法迫使对方出圈或踩踏圈线。圈线战术按其形式可分为前冲出圈、引化出圈和边线内闪等。

(一)前冲出圈

前冲出圈有两种:一是把对方牵动后,抓住这一时机前推,直至对方出圈;二是技术不如对方,但力量比对方强,则用力量迫使对方后退,直至出圈。

(二)引化出圈

引化出圈必须借用对方的冲力,引进落空,即自己快到圈边时,对方急于想得分就会猛攻,这时顺势带引,使对方出圈。

(三)边线内闪

边线内闪是指将对方逼到圈边,这时对方由于怕出圈而会拼力向前,自己就要借用这个机会向内闪空,使其倒地。

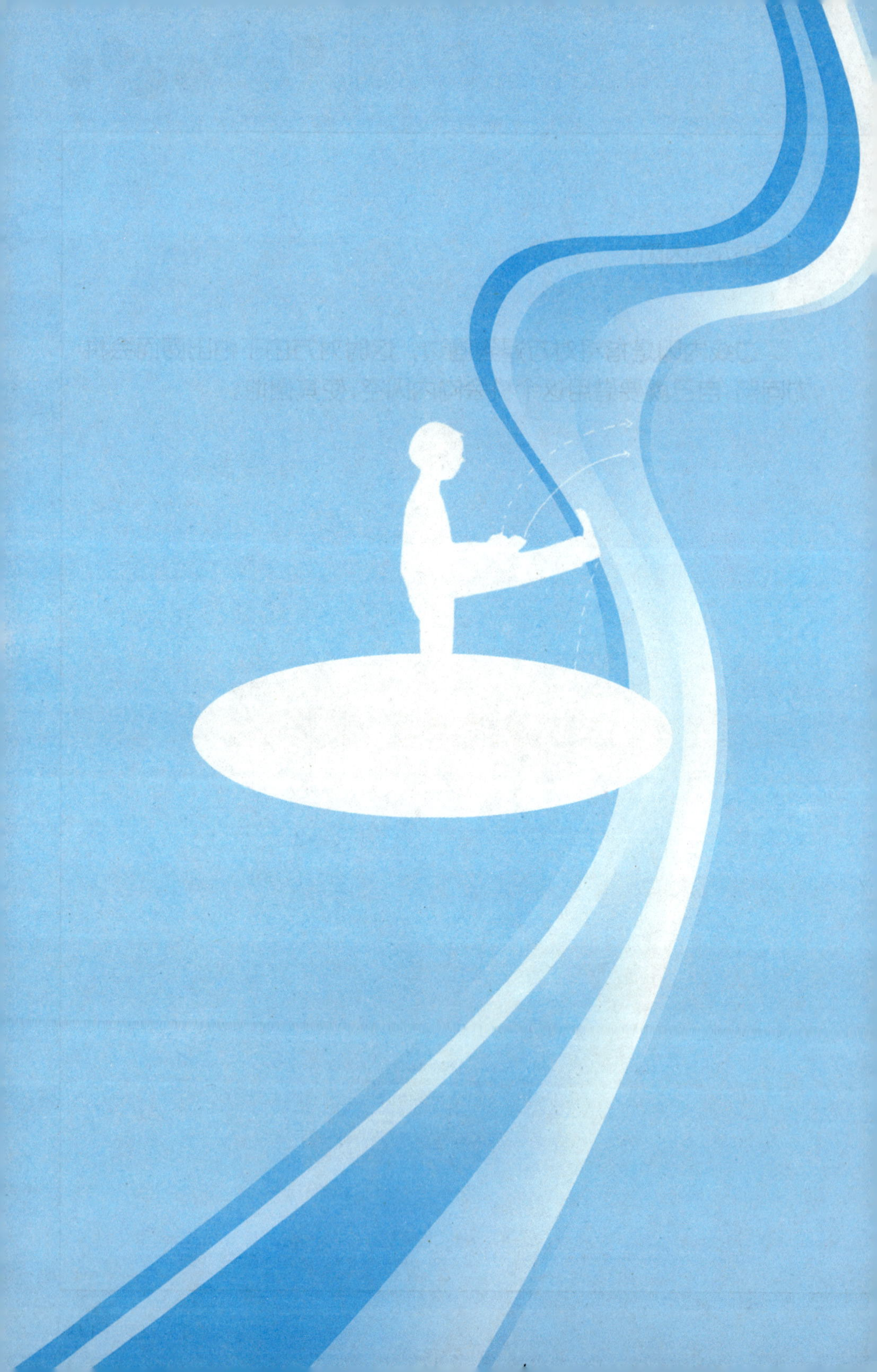

第十一章 螳螂拳比赛规则

螳螂拳比赛是普及螳螂拳运动的一种很好的形式。它在长期的发展过程中已经形成了一套完整的比赛程序和裁判方法。

第一节 程序

螳螂拳比赛是单败淘汰赛,比赛程序包括参赛办法和比赛方法。

一、参赛办法

(1)各武术团体、馆校、俱乐部、个人均可报名参加;
(2)参赛选手要懂得本拳种套路;
(3)参赛选手必须有人身保险证明,并与大赛组委会签订有关协议;
(4)参赛选手必须出示县级以上医院出具的包括脑电图、心电图、血压、脉搏、肝功等指标在内的15天以内的体格检查证明;
(5)上擂台前须出具当地派出所开具的无劣迹证明;
(6)参赛选手年龄为18~35周岁。

二、比赛方法

(1)上擂前,演示本拳种拳术、套路各1套;
(2)每场比赛净打3局,每局净打1分钟30秒,局间休息1分钟。

第二节 裁判

裁判人员根据比赛规程的规定，执行其比赛组织工作。选手如果对评分标准了然于胸，就能在比赛中游刃有余、发挥自如。

一、裁判员

裁判人员包括：
(1)总裁判长1人，副总裁判长1~2人；
(2)记录员、示分员、计时员各1人；
(3)场上主裁判员1人，场上边裁判员1人。

二、评分

(一)拳击、掌击得分

以拳或掌明显击中对方有效部位并确定为有效击中(有明显响声和位移)得1分，击倒对方得2分。

(二)腿击得分

运用腿法，明显击中对方有效部位得1分，击倒对方得2分。

(三)肩、胯、肘、膝击得分

使用肩、胯、肘、膝击中对方躯干有效部位得1分,击倒对方得2分。

(四)抱摔得分

(1)使用抱摔技巧将对方摔倒得2分,逼下擂台得3分;
(2)双方摔倒或下擂台,均不得分;
(3)一方自己倒地,对方得1分;
(4)主动使用倒地技术攻击对方时不失分。

(五)进攻得分

运用螳螂拳组合技法连续进攻,并明显击中对方有效部位得1~3分,击倒对方得3分。

(六)其他得分

(1)选手消极4秒,被裁判员警示进攻3秒内仍不进攻,对方得1分;
(2)在同一局比赛中,选手有意扯拉对方衣服2秒内并无攻击动作,应视为进攻消极,经裁判员警示后,仍以此方法消极者,对方得1分。

三、犯规

(一)技术犯规

(1)消极搂抱对方；
(2)处于不利状况，无故举手要求暂停；
(3)比赛中对裁判员有不礼貌行为或不服从裁判；
(4)有意拖延比赛时间。

(二)侵人犯规

(1)在口令开始前或喊停后进攻对方；
(2)击中对方禁击部位；
(3)用不允许的方法攻击对方，如头击、嘴咬，以肘关节伤人为目的等；
(4)比赛中用暗器伤人；
(5)对方倒地后仍攻击对方。

四、罚则

(1)每出现1次技术犯规，劝告1次，判罚2分；
(2)每出现1次侵人犯规，警告1次，判罚3分；
(3)选手故意伤人或由于侵人犯规造成对方伤害的，取消该场比赛资格，判对方胜。

五、其他规定

（1）参赛选手必须遵守规则，尊重和服从裁判，场上不准有吵闹、谩骂及任何表示不满行为的现象；

（2）参赛选手须佩戴的护具包括护胸、护脚背和护裆，其中护胸、护裆要穿在衣服里面；

（3）教练员和医务监督在指定位置，不得在场下呼喊或暗示，局间休息时允许给选手按摩和指导；

（4）比赛期间，选手因伤病不能参加比赛，均视为弃权，不得参加以后各场的比赛，但已参赛的成绩有效；

（5）比赛进行时，如果双方实力悬殊，为保护选手的安全，教练员可举弃权牌表示弃权，选手本人也可举手要求弃权，经裁判长同意可终止比赛；

（6）赛前3次点名未到，或点名后擅自离开，或不能按时上场者，均视为弃权，取消其全部成绩；

（7）比赛进行中，当双方实力悬殊，场上裁判员在征得裁判长的同意后，裁定技术强者为该场胜方；

（8）被重击（侵人犯规者除外）倒地不起达10秒或能站起来但知觉失常，判对方为该场胜方；

（9）比赛中选手出现伤病，经医务监督鉴定不能继续比赛者，在征得裁判长同意后判对方为该场胜方；

（10）一方选手严重犯规，可判对方胜；

（11）暂停比赛

①选手倒地或下擂时；

②选手犯规受罚时;

③选手受伤时;

④双方相互缠绕没有进攻动作时;

⑤选手由于客观原因举手要求暂停时;

⑥裁判员长纠正错判、误判时;

⑦处理场上出现的险情时;

⑧因灯光、场地等客观原因影响比赛时。

(12)终止比赛

①根据大会医务监督认定不能继续比赛;

②裁判员认为选手实力悬殊,经请示裁判长同意后根据实情可定夺胜负,并终止比赛;

③比赛选手突然感觉身体不适不能继续比赛时,经裁判长和医务监督认定可终止比赛;

④比赛期间,选手的教练员或与选手有关人员在场边呼喊或进行暗示,严重干扰裁判员执法时,裁判员可暂停比赛或根据实际情况终止比赛。